JN066111

先輩！ビジネスセンスの磨き方を教えてください！

起業からイメージする

# 金融経済教育

足立光生
ADACHI Mitsuo
［著］

中央経済社

## まえがき

　2020年初春に始まった新型コロナウイルス感染拡大は，これまでのビジネスのあり方を根幹から揺さぶりました。2015年に国連サミットでSDGsが採択され，2030年までの共通目標を目指し，企業もそれに呼応して独自の持続可能性を追求していた最中でした。そのようななか，2020年の春に企業のサステナビリティに関する中間的評価は，「唐突に」突き出されたのです。

　残念ながら，コロナ渦においてビジネスの一部分は「持続可能ではない」ことが判明しました。多くのビジネスは，少なからず，そして業種によっては大幅に仕切り直しを余儀なくされていくことになります。企業はそれまで大事に培ってきたものを放棄して，変化への対応を模索し始めました。

　それでは，この騒動のなか，ビジネスの世界において「変わらなかったもの」とは一体何だったのでしょうか。われわれの悪い癖は，「変わってしまったもの」ばかりを見つめようとし，「変わらないもの」を見ようとしないところです。

＊　　＊　　＊

「時代が経過しても変わらないビジネスの本質」。

　これこそまさに，これから世の中に出ていく人も知っておくべき内容でしょう。ただし，それを定義することは簡単なことではありません。その理由は，（至極当たり前のことですが）ビジネスの現場は実に「多様」であるからです。業種もさまざまですが，たとえ同業種であっても1つひとつの企業の出発点はまったく異なっています。さらに企業1つをとってみても，現場は星の数ほどあります。そこで万が一，短絡的に世の中のビジネスの基本要素を「最大公約数」として求めてしまえば，ビジネスマナーやお化粧の仕方ということになるでしょう。それはそれで必要とは思いますが，少しでもビジネスの内容に近いものを伝えることはできないものでしょうか。

＊　　＊　　＊

　筆者は大学院ならびに大学の教員です。大学院では「金融経済教育」という

講義を受け持ち，これから社会に巣立つ方に施すべき教育のあり方を議論しています。また，大学の学部では，そのような教育を講義やゼミ（演習）で行う当事者でもあります。ゼミでは投資，市場，企業について学びながら「ビジネスのかんどころ」を身につけるという目標を携えており，上述の問題意識に正面から向きあう立場にいます。

そうした日々の教育現場では，知的好奇心にあふれた学生の質問がどこからでも飛んできます。現代の大学や大学院は，教員が「自身の専門は○○だから」で済むものでもありませんし，それで済ませてしまうのであれば，教員自身の成長にもつながらずもったいないと思います。

幸か不幸か，筆者は昔から「自分の知らないことがあるとワクワクする」性格であり，どんな領域でも首を突っ込み，下手の横好きで自分なりの見解を持とうとします。さまざまな質問を受け，新しいビジネスシーンについて学生と議論していくことが，筆者の日課となっています。

＊　　　＊　　　＊

「これから世の中に羽ばたく人が，何を，どのように，学ぶべきか」という課題は単純に解決できるものではありません。ただし，約20年間大学で上述のように学生と接してきた筆者には（おぼろげにですが）そうした教育には3つの「何を」と，1つの「どのように」があると考えています。

まず，「何を」についての第1は，時代が経過しても，形を変えて適応しながら残っていく「ビジネスの屋台骨」です。それは生産，物流，貿易，為替，といった古典的なビジネス体系とも見受けられます。ただし，どんなに時代が変遷しても変わらないものは，古典的なビジネス体系そのものではなく，それらを貫くチェーン（鎖）ではないでしょうか。サプライチェーン，バリューチェーン，インベストメントチェーン等々，世の中にはさまざまなチェーンが意識されていますが，いずれにせよ，ビジネス体系を切り離して伝えるのではなく，有機的に関連付けることが必要と思われます。

とくに，ビジネスパーソンはどんなに責任ある仕事を任されていても，自分の仕事のビジネス界全体における位置づけにとまどう人は多いのではないでしょうか。ビジネスのチェーンを感じ取るためには，特定の事象だけを見るのでなく，いったん「ビジネス全体を駆け抜けてみる」ことが必要な気がします。

そして，それは「ビジネスをはじめる」，すなわち「起業する」という立場から見ていくことが適していると思われます。

本書についても，大学生と，起業経験を持つ先輩が会話するシーンが随所に出てきます。その大学生は卒業するまでにビジネスセンスを身につけたいと考えています。先輩は，その解決策として，頭の中で起業の模擬を行い，ビジネス全体を意識してみることを提案します。そのような過程を通じてビジネスを貫くチェーンを見つければ，それがビジネス全体を見渡す航路図となっていくはずです。

＊　　　＊　　　＊

第2は，現代ビジネスの技術（テクノロジー）に対するイメージを持つことです。いうまでもなくビジネスは多様であり，使われているテクノロジーもさまざまです。そこで，これから社会に羽ばたく人にとっては，特定分野のソリューションに使われている技術でなく，応用可能性の高い基盤技術を理解することがビジネスを深掘りする力につながります。例を挙げれば，ディープラーニング，IoT，暗号技術，ブロックチェーン等でしょう。もちろん，こうしたテクノロジーも日進月歩のスピードで進化しており，時間がたてば古くなります。ただし，テクノロジーがどのようにビジネスと共存しているかのイメージを1度でもつかめば，たとえテクノロジーがアップデートされても，ましてや新しいテクノロジーが出現しても，ビジネスへの1つのアプローチとしてその人の心に刻まれます。そのために教育の現場においても，テクノロジーに対して数式を使って説明することだけなく，そのイメージをわかりやすく伝えていく必要があると考えます。

また，現在では，1から生み出される斬新な基盤技術とそれに付随するイノベーションが求められているとも思えません。（不恰好かもしれませんが）これまでに培ってきた基盤技術を大事につなぎあわせて，イノベーションを起こす姿勢が求められているように思います。

＊　　　＊　　　＊

第3に，ビジネスに伴う金融です。世の中ではビジネス活動が日々行われていて，ビジネスの流れに伴い，モノやサービスが移行すると「おかねが動く」ことになります。ただし，すっきりと動くわけではありません。そこに新たな

金融が生み出される土壌があります。

　金融は，ビジネスから「自然と」生み出されるはずです。逆に，ビジネスから生み出されずに「作為的に」生み出される金融（本書の第1講で紹介）には，社会を揺るがすほどの危険性が伴います。ビジネスから副次的に生み出される金融，たとえば古くから行われている貿易金融（本書の第4講で紹介）をしっかりとイメージしてみることが，ビジネスに接近するための重要なアプローチとなります。

＊　　＊　　＊

　それでは，以上の3点を「どのように学ぶ」のでしょうか。

　結論からいえば，さまざまなビジネスシーンを俯瞰的に捉える視点が必要です。それが，まさに「投資家の視点」となります。どのような素晴らしい技術やアイデアがあっても，投資家に響かなければビジネスは始まりません。事業が成功するか否かは「投資家の視点にたってビジネスアイデアを描けるか」にかかっているのではないでしょうか。すなわち，投資家の行動基準を考え，ビジネスを俯瞰するのです。

　また，2006年にPRI（責任投資原則）が提唱されて以来，投資家を意識することは，投資家のチェックシート上のESG（Environment, Social, Governance）項目を意識することでもあります。ESG項目を遵守する必要があるのは，上場企業だけではありません。どのような小さな企業でもビジネスではさまざまな企業とつながっています。誕生したばかりの企業でも社会の一構成員であり，社会の持続可能性に貢献する立場を自覚しておかなければ，どんなに良いビジネスアイデアを携えていても，出発点にすら立てません。

　本書を貫くメッセージは「投資家を意識すること」ですが，それはあくまでもビジネスに対して俯瞰的な理解を深めるためです。社会の持続性を重視しない利己的な投資家が存在することも事実ですので，その点もぜひ頭の片隅にとどめておいてください。

＊　　＊　　＊

　現代ビジネスのさまざまなシーンをたった1冊で駆け抜けてみようとする本書の「挑戦」。それが果たしてどこまで効果があるのかは未知数です。

　ただし，社会は大きく変化していきながらも，ビジネスには絶対に変わらな

いものがあります。

　「これから世の中に羽ばたく人に何を伝えるべきか」。

　その重要性に，私とともに多くの人が気づいているのならば，この「ささや
かな」本書の試みを，今後の議論のたたき台にしていただけることを願います。


　2021年7月

　　　　　　　　　　　　　　　　　　　　　　　　　　　　足 立 光 生

# 目　　次

## 第 1 講　企業の出発
### 「ビジネスをはじめる」を想像してみよう

# 第4講　海 外 取 引
## 輸出企業の視点で貿易を眺めてみよう

# 第5講　プラットフォーム戦略
## ブロックチェーンの可能性

# 第6講　外国為替とデリバティブ
## リスクヘッジについて意識してみよう

# 第7講　株式市場
## あらためて投資家を意識してみよう

# Column

プロローグ

# 「ビジネスの世界を駆け抜ける」
# 新しい金融経済教育

# 1 金融経済教育とは何だろう

中学，高校，高専，大学，大学院，専門学校等々。各種学校を卒業してこれからビジネスの世界に羽ばたく人に，どのような教育が必要とされているのでしょうか。

当然，こうした教育について，文部科学省も学習指導要領にその内容を明示しています。小学校では家庭科で適切な買い物の仕方を学んだり，中学校では社会科で契約とそれに伴う責任について考えたりします。また，高校になると，経済全体の視点から政治経済で金融の仕組みを学んだりもします。さらに，2022年度からは高校の家庭科の授業で「資産形成」に関する教育も開始されます。これらの内容は，学校卒業後に社会を生き抜くための諸問題に対処するものであり，まさに「金融経済教育」そのものといえるでしょう。

ただし，一般的にわれわれが「金融経済教育」と聞くと，「教科書に書かれている内容」というよりは「教科書にこそ書かれていないものの，社会生活を送るうえで知っておくべき内容」と考えるのではないでしょうか。たとえば，学校で「金融経済教育」が実践されるとすれば，正課でなく課外に有志の教員が工夫しながら実施しているイメージでしょう。

さらに学校だけではありません。わが国においてこれまでも，各種機関が創意工夫をもって「金融経済教育」という課題に対してさまざまなアプローチを講じてきました。たとえば金融機関や各種取引所の取り組みが挙げられます。近年の「貯蓄から投資へ」という世の中の流れに影響を受け，「金融経済教育」は，家計の資産形成やパーソナル投資教育に紐づけられて行われることが多かったのです。

# 2 家計の資産形成やパーソナル投資教育

上述のような家計の資産形成やパーソナル投資教育は，これから学校を卒業して社会に羽ばたく人にとって必要であり，大学教員でもある筆者もその点を強く認識しています。こうしたリテラシーは卒業までに十分備わっている必要

があり，筆者が担当している大学のゼミ活動の一部でも同様の試みを行っています。たとえば，ゼミでは家計の資産形成におけるキャッシュフローの位置づけ[1]について確認し，ディベート等を行います。

　また，パーソナル投資教育についても，若いころに外資系証券会社に勤務した経験のある筆者には一種のこだわりがあります。方法の1つとして，「模擬投資」も有効と考えます。たとえば株式投資の模擬であれば有望な銘柄を見つけ出し，特定の日に購入するという架空の設定で，株価の足取りとその背景について日記をつける，あるいは外国為替の模擬については米ドル／円相場を意識して毎日の為替相場の動きとその理由について日記につける，といった具合です。いうまでもなく，学生に投資を推奨しているわけではありません。ただし，そのような作業を通じて実際の経済の動きにも興味をもち，新聞を読む習慣も身につくものと考えます。また，投資は「自分自身を写す鏡」でもあり，模擬投資によって早いうちに自分自身が投資とどのように向き合うかも考えてみてほしいものです。

　さらに，投資の舞台である「市場」をイメージしてもらうことも有効です。近年，「市場」については，メルカリ等のC to Cプラットフォームやネットオークションのおかげで世の中の意識も高まっている気がします。パーソナル投資教育への導入部分として「市場」は「取引の舞台」として重要です。たとえば投資対象が株式であれば，株式市場の「板」とその簡単な解読法を紹介するといった具合です（これらの基本的な考え方については第7講で解説します）。

　「板」はすべての経済活動の源です。「板」の動きを解読すること，すなわち「板読み」には投資家の意思決定プロセスを知る上で実に奥深いものがあります。2010年のアローヘッド導入（156ページ）以降，超高速取引が盛んになり，個人投資家の短期投資がむずかしくなるなか，近年では「板読み」の重要性は薄れているのも確かです。ただし，他の投資家と自分自身との距離を認識し，自分自身の市場との向き合い方を確認するためにも「板」の重要性は変わることがありません。

---

1　これに関しては，ロバート・キヨサキ［2013］を一読することをお薦めします。

## 3　その他の金融経済教育のアプローチ

　以上のように，家計の資産形成やパーソナル投資教育といった「金融経済教育」の重要性は，筆者自身も認識しており，教育現場でもみずから実践していることはいうまでもありません。ただし，筆者は，このような家計の資産形成やパーソナル投資教育とは別に，まったく違う２つの「金融経済教育」が必要ではないだろうか，とこれまで考えてきました。

　筆者が考える「金融経済教育」の第１は，「デリバティブ（金融派生商品）投資に関する教育」です。デリバティブ取引でやけどを負う人は後を絶ちません。とくにわが国では2000年代後半，中小企業や高等教育機関等を対象としたいわゆる為替デリバティブが猛威を振るい，莫大な損失を抱える機関が続出しました。その原因の１つは，デリバティブ商品の価値を感覚的に判別できないことに起因します（第６講参照）。たとえばモンテカルロ・シミュレーションを使って何時間にもわたってその価値を計算するような複雑なデリバティブを，購入する人が値ごろ感で気軽に買っていくのであれば，まさに損失は免れないでしょう。

　あくまでもデリバティブ取引自体は詐欺商法ではありません。だからこそ，さまざまなデリバティブに投資をする際に，あるいは投資する前に十分に理解を深めておく必要があります。その一方で，そうした教育を国民全員が享受できていないことも事実です。本書ではこのテーマについてあえて論じるものではありませんが，第６講でデリバティブの価値についても簡単に触れていますので，ぜひ意識して読んでみてください。

　筆者が考える「金融経済教育」の第２は，現代ビジネスの全容を一気に駆け抜けることで，その全体を俯瞰的にとらえるものです。ビジネスは社会の重要な要素ですが，全体をとらえる機会はきわめて少ないものです。大学の商学部なら講義に貿易論，金融論，ロジスティクス等が体系的に組み込まれているかもしれません。ただし，大学の学部はいうまでもなく商学部だけではありません。

　そこで，ビジネス全体を俯瞰的に確認する１つのアプローチとして，「投資

家を意識する」方法を挙げたいと思います。投資家を意識しながらビジネスを眺めていくことで，一見切り離されているようにみえるビジネスが1つにつながると考えます。ただし，投資家ははっきりと目の前に現れるものではありません。自分が投資家であれば自分に問いかければよいのですが，自分以外の投資家については，通常は（株主総会でも行かないかぎり）お目にかかれないものです。

　それでも，「投資家」をイメージできる方法は確かに存在します。それが「起業の模擬」です。

## 4　起業の模擬と投資家の視点

　「起業の模擬」とは何でしょうか。

　ちなみに，筆者が担当する大学の学部ゼミでは，ゼミが開始して1年経ったころ，ビジネスコンテストにゼミ生がチャレンジすることが恒例行事となっています。実は，ビジネスコンテストこそ「起業の模擬」が体験できる良いチャンスなのです。

　誤解をおそれずにいえば，筆者のゼミ（同志社大学・足立ゼミ）はビジネスコンテストに関しては，学内にとどまらず学外でも有名です。毎年のように，足立ゼミ生はビジネスコンテストでさまざまな賞を多数獲得します。それらを数え上げたらきりがありませんが，最近の足立ゼミ生の受賞例を少しだけ紹介するならば，2018年1月に伝統ある日本有数の学生向けビジネスコンテスト「キャンパスベンチャーグランプリ・大阪大会」で「最優秀賞」を受賞して全国大会に進出，2019年12月にも同じく「キャンパスベンチャーグランプリ・大阪大会」で「最優秀賞」を受賞して全国大会に進出しています（どちらのチームも全国大会では審査委員会特別賞も受賞しています）。さらに，2020年12月にはなんと足立ゼミ生のチームが日本銀行主催の「日銀グランプリ」で「最優秀賞」を獲得して全国の頂点に輝きました。

　ゼミ生が毎年入れ替わっていくなかで，たった1つのゼミから毎年のようにさまざまなコンテストで優れた賞をいくつも受賞していく現象は大変珍しいものと思われます。しかも私のゼミはアクティブラーニング型のゼミであり，企

業見学，施設見学，投資に関するゲーム，そし他大学との対抗ディベート大会など，ゼミ活動が多様で目白押しであり，コンテストだけがゼミ活動ではありません。2年半のゼミ活動のなかでビジネスコンテストに従事している期間は実はわずかなのです。

　いうまでもなく，上述の成果は私の成果ではなく足立ゼミ生の成果であり，私の自慢話をしているわけではありません。ただし，それでも指導のコツについてよく質問をされますので，少し触れたいと思います。

　私が教員としてゼミで指導していることは実に簡単です。それは，

「投資家の視点に立ってください」

という，ただそれだけのことです。そして「投資家を意識すること」はそのほかのゼミ活動のなかでも徹底していることは確かです。

　「投資家を意識すること」には以下の2つの効果があります。

　第1に，ビジネスアイデアについてより適切な事業を計画できるようになります。投資家は，新しいビジネスアイデアから収益が生まれるかだけでなく，そのビジネスが「持続的」であるかに関心を持っています。通常の業務はこなすことができても，何らかのトラブルに接した場合に早急に仕切り直しできるかどうかを投資家は見極めようとしているのです。そのように投資家を意識することは，ビジネスプランの作成にかかわらず，世の中で仕事をする際にも大変重要です。

　第2に，ビジネスコンテストでは事業計画書を書いていきますが，そこには資金調達の模擬が含まれています。実際には模擬なので，資金提供を受けることはないのですが，どのような戦略を持てば投資家から資金提供を受けることが可能か，という戦略をイメージします。親戚縁者からはじまってエンジェル，ベンチャーキャピタル，コーポレートベンチャーキャピタル，さまざまな投資家に対してお願いするのではなく，共感を得ることを目指すのです。そして，投資家の共感を得るためには十分なプレゼンテーション能力が必要となることにも「起業の模擬」のなかで気づいていきます。

　また，このような「起業の模擬」には「おまけ」の効果もあります。「自分が模擬で考えた小さな企業がこれからどのように発展していくか」をイメージすることは，大きく発展を遂げた企業，いわゆる大企業もイメージしやすくな

ります。現在，どのように大きな企業であれ，そのスタート地点は（大企業の子会社なら別でしょうが）小さな会社であったはずです。就職活動でチャレンジする企業も同じです。そのように企業の視点で物事を考えるようになることは，同じ就職活動をするにせよ，就職活動を成功させるという視点だけでなく，就職活動を通じて企業の本質をとらえようとする逞しさが備わります。

## 5　本書の鳥瞰図

　以上のことから本書では「起業の模擬」をモチーフとして，投資家を意識しながら，現代ビジネスを俯瞰的にとらえることを目指します。学生にとっては現代ビジネスのイメージを深める「超短期インターンシップ」と考えていただいても結構です。一方，教員の立場としては「現代ビジネスを俯瞰的にとらえる」ことを通じた，新しい「金融経済教育」へのチャレンジと考えてください。

　また，本書の設定として，さまざまなビジネスシーンは，会話部分から始まります。ここには登場人物が2人います（当然ながら実在の人物ではありません。架空の人物であり，会話の内容も当方が作成していることはいうまでもありません）。第1の人物は，卒業を控えている架空の大学生です。大学生としていますが，もちろん高校生や大学院生と適宜読み替えていただいてかまいません。第2の人物は，起業経験を持つ同じ大学の先輩です。先輩はビジネスセンスを得たいという大学生に対して，頭の中で「起業の模擬」を行うことをアドバイスします。そして，会社を立ち上げてから遭遇するさまざまなビジネスシーンを説明していきます。

　新しく誕生した企業がさまざまなビジネスシーンにどのように向かい合うかについて，本書は，**図表0－1**に示されているように，7つのステップによって構成されています。現場の数は星の数ほどあるので，現場を見ていこうとすれば何十年費やしても終わりません。そこで，本書では1つの選択肢としてわが国の代表的な産業である製造業を設定してみました。それぞれのシーンの関連性を簡単に示せば，**図表0－2**のようになります。この図のようにビジネスをチェーンでつなぐ試みは，本文中でも**ビジネスをつなぐチェーン**として説明していきます。また**投資家を意識してみよう**とよびかけられているところでは，

ぜひ，投資家はどのように考えるかという俯瞰的な視点でビジネスをとらえて
みてください。

　さあ，一緒にビジネスのさまざまなシーンを駆け抜けてみましょう。

図表0－1 本書の7つのステップ

| | |
|---|---|
| 第1のステップ<br>第1講 | 小さな企業のスタートを，オフィスの設計から想像してみよう。また，企業の資金繰りについて考えていくなかで，銀行についても意識してみよう。さらに企業の持続可能性についても考えてみよう。 |
| 第2のステップ<br>第2講 | 小さな企業で，必要最低限の生産ならびに管理体制を考えてみよう。製造スペースでIoT技術を活用し，さらにクラウドの活用を通じてAIの基礎を理解しよう。さらにAIをビジネスに活用することの可能性と限界についても考えてみよう。 |
| 第3のステップ<br>第3講 | 自社の製品についてデータを活用した販売促進戦略について考えてみよう。また，企業努力の結果，製品の注文が来たことを想定し，取引先に届ける物流についても意識しよう。その際，企業が社会の一構成員であることを理解し，環境への配慮について考えてみよう。 |
| 第4のステップ<br>第4講 | 企業努力が実り，海外から製品への注文がきた場合を見てみよう。さらに，貿易から生まれる金融ビジネスの基礎を学び，銀行の役割について再度考えてみよう。 |
| 第5のステップ<br>第5講 | 自社だけで行うビジネスだけでなく，複数の企業が協力する新しいコンソーシアムを意識してみよう。そのために，ブロックチェーンの基礎を知ろう。またブロックチェーンの応用事例として，第4のステップで学んだ貿易金融についても考えてみよう。 |
| 第6のステップ<br>第6講 | 海外取引で売り上げがあったことを想定して，外国為替について理解を深めよう。さらに，外国為替相場のリスクを避けるためにデリバティブの基礎についても学ぼう。 |
| 第7のステップ<br>第7講 | 起業した会社が上場し，不特定多数の投資家と向き合う場合を想像してみよう。流通市場の投資行動を読み解くとともに，現代の投資の変化をとらえながら，投資家の本質をあらためて考えてみよう。 |

図表 0 － 2  本書の鳥瞰図

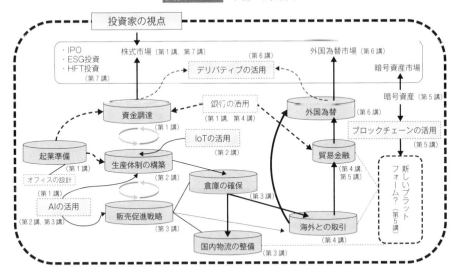

第 **1** 講

# 企業の出発

「ビジネスをはじめる」を想像してみよう

　起業経験がある先輩Ｂさんが大学に遊びにきています。卒業を控えた大学生のＡ君は，先輩に相談があるようです。

■　■　■

学生：早いもので，もうすぐ卒業です。でも正直いって，これまで学んできたことをビジネスにすぐに応用できる気がしないんですよ…。卒業するまでになんとか「ビジネスセンス」を磨きたいのですが，何をしたらいいか見当もつかないです。何をすればよいのでしょう？　起業経験のある先輩ならわかるんじゃないですか？

先輩：ずいぶんざっくりした質問だね！　でも素晴らしい！　ビジネスセンスか…。それなら『ビジネスをはじめる』という視点でさまざまな場面を空想してみるのはどうかな。

学生：起業する立場で，ということですか？

先輩：そうだよ。もちろん模擬としてなので，頭の中だけで大丈夫。もし起業するとしたら，どんなことをやりたい？

学生：えー。急にいわれても…むずかしいですね。じゃあ，私が何かビジネスアイデアを思いついたとしましょうか。その場合，いわゆる文系の私が，サービスならまだしも，モノづくりで起業できるとは思えませんけど…。

先輩：なるほど。それなら，一番苦手な業種から考えてみたらどうかな。

学生：実現できそうにない，っていったばっかりなのに…。先輩も酷だなぁ。じゃあ，やはり，製造業ということでしょうか。

先輩：それでは製造業，いわゆるメーカーの設定にしてみようか。自分が苦手と思われる部分は，どんどんアウトソーシングをすればいいよ。

学生：え，いきなりそんなに簡単でいいのですか。

先輩：製造業といっても多種多様だからね。たとえば自社で機械設備を所有しない製造業もあるよ。そうした製造業をファブレス（Fabrication-less）メーカーともいうね。

学生：ファブレスメーカー！　おもしろそうですね！　それにしておきます。

先輩：たとえば，製品が電子機器に関連しているとしたら，EMS（Electronics Manufacturing Service：電子機器受託生産サービス）を行う業者に任せよう。EMSを使えば製品の設計はもちろん，試作品も作ってくれる。ゆくゆくは製品の量産を任せてもいいかもね。

学生：そんなに簡単なら，誰でも製造業ができますね。

先輩：そうだね。平常時なら問題ないと思う。でも，問題は有事の際だね。それをしっかりと考えておかなきゃ，投資家は満足しないよ。

学生：投資家ですか…。わかりました。ただ，有事の際ももちろんですが，心配は
　　　それだけでもない気がします。通常でもEMSにすべてを任せてしまうのは心
　　　もとないですよ。
先輩：というと？
学生：たとえば，私はハンバーガーを作ることが趣味なのですが…
先輩：はじめて聞いた（笑）！
学生：ハンバーガーを作る場合，どうしてもパティの部分だけは，自分で作りたい
　　　のです。それだけは人に触らせたくありません。
先輩：なるほど。こだわりがあるんだね。その気持ちはよくわかるよ。パティにど
　　　のような隠し味を使っているか，そうした情報をほかの人に教えたくないん
　　　だね。
学生：そうなんです。どうせ製造業をやるなら，製品の本当に重要な部分は，やは
　　　り自分で責任をもって作りたいですね。
先輩：じゃあ，工作機械メーカーに専用の機械設備を特注して，コア・コンポーネ
　　　ント，つまり核心となる部品だけ自社製造するのはどう？
学生：なるほど。なんとなく見えてきました。
先輩：そうした場合には，製造スペースを併設した事務所が必要になるね。
学生：小さなスペースを借りてそのうちの半分のスペースに，コア・コンポーネン
　　　トのみを製造する設備を置くということですね。オフィスは実際にどのよう
　　　な感じになるのかな？　だんだんわくわくしてきました！

■　■　■

　何らかのビジネスアイデアを持って起業することを考えてみましょう。世の
中にはさまざまな業種がありますが，一例として，モノづくりを行う製造業を
想定してみましょう。
　たとえモノづくりに精通していなかったとしても，アイデアを基にして，製
造工程の大部分についてアウトソーシングをしながら，ファブレスメーカーと
して開業すればよいはずです。
　ただし，A君が心配していたように，外部の機関にすべての製造工程を任せ
てしまうのは不安な場合もあります。そこで，製品の核心部分，すなわちコ
ア・コンポーネントのみ自社で製造するとして，それ以外はアウトソーシング
をしていくとしましょう。どのように企業は始まり，どのような課題と向き
合っていくのでしょうか。

# 1　オフィスをイメージしてみよう

　最初にビジネスをスタートするに際して，企業の拠点，すなわちオフィスについて考えてみましょう[1]。

　2020年以降の新型コロナウイルス感染拡大に伴い，オフィスのあり方が根本的に見直されるようになりました。スタートしたばかりの小さな企業であれば，専有のオフィスを用意しなくても，他企業との共有を考えてコワーキング（Co-working）スペースでもよいはずです。

　ただし，ここでは最低限の機械設備を導入して，コア・コンポーネントのみを製造する企業を想定しています。そのため，小規模とはいえ機械設備を置くことが可能なオフィスを用意する必要があります。

　当然，スタートしたばかりの企業にとってオフィスの賃貸料は頭の痛い出費となります。そこで，世の中にはこうした新しいベンチャー企業（スタートアップ企業ともよばれます）のためのさまざまな施設も存在します。それらの代表例が，インキュベーション（Incubation）施設です。インキュベーション施設とはベンチャー企業の孵化施設のことです。インキュベーション施設には，地方自治体，大学，あるいは民間企業といった具合にさまざまな提供先があります。通常のインキュベーション施設では，入居申し込みのあったベンチャー企業に対して一定の審査が行われます。審査を通過すれば，比較的安い賃貸料で一定のスペースが提供されることになりますが，インキュベーション施設の利点は安い賃貸料ということだけではありません。たとえばインキュベーション施設ではインキュベーション・マネージャー（Incubation Manager：IM）とよばれるスタッフが常駐していて，資金計画等に関してアドバイスを提供してくれたり，インキュベーション施設主催のビジネスマッチング等も開催されていたりします。

　そして，実際に審査を経て，インキュベーション施設にスペースを1室借り

---

1　ワーク・プレイス改革の事例として，たとえば三菱UFJ信託銀行 不動産コンサルティング部 ［2020］を推薦します。

図表1－1　オフィスをイメージしてみよう

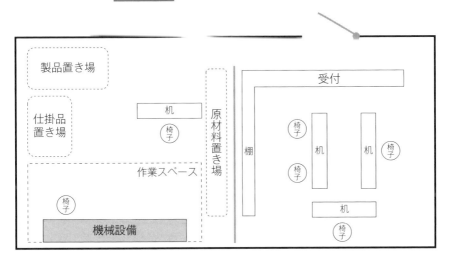

るることができたとします。そうしたスペースについては，事務所として使用することが一般的ですが，安全に即した生産が行われることを条件として，スペースの一部を製造スペースとして使う許可もおりたとしましょう。その場合でも，いうまでもなく生産活動に関しては製造物責任法を順守し，安全安心な運営に努める必要があります。当然，同じインキュベーション施設への入居企業や近隣住民への騒音配慮も行うことはいうまでもありません。

　ここでは1台だけ機械設備を導入してみるという設定でしたので，たとえば借り上げたスペースを2つに区切って，1つのスペースを営業スペースに，そしてパーティションを挟んで，もう一方に機械設備を置くなどして製造スペースにするとしましょう。**図表1－1**を見てください。

　最初に，図表1－1左側の製造スペースのイメージを見ておきましょう（あくまでもイメージです）。製造スペースではいわゆる4S（整理，整頓，清掃，清潔）を徹底し，製品や仕掛品であふれないようにします。この製造スペースで作られたコア・コンポーネントが最終的に製造受託業者へ輸送されるという設定ですので，仕掛品の置き場だけでなく，製品置き場の位置も工夫しながら，オフィスから外に運び出すための動線も確保しておく必要があります。

今回の設定においては，多くの工程についてアウトソーシングを行い，製造スペースではコア・コンポーネントが作られるのみです。そうした場合は，工作機械メーカーに特注で作ってもらった機械設備を1台置き，スタッフ1人ですべての工程を行うといった感じでしょうか。

 投資家を意識してみよう―スタッフの満足度と企業価値―

生産工程も企業によってさまざまです。スタッフ1人ですべての工程に対処する方式を，セル生産方式とよびます。一方，大規模な工場等で流れ作業によって生産していく方法をライン生産方式とよびます。合理的な生産体制においてライン生産方式は優れている一方，セル生産方式では，1人で全工程に責任を持つことでスタッフが達成感を得るメリットもあります。ビジネスが発展して生産工程が巨大化しても，スタッフの働き甲斐や満足度を維持する必要があり，セル生産方式はその好例ともいえます。

投資家が企業に期待しているのは，企業価値を高めることです。現代の企業はいうまでもなく人に支えられており，人の働き甲斐や満足度は，必ず企業価値の向上に結び付きます。

そのような1人ひとりの「個」を重視した経営を，投資家はESGの視点（28ページ）から重視しています。

## 2　人材の配置と組織

企業がスタートした当初には必要なスタッフを確保したうえで，適切な人員配置が求められます。たとえば企業を運営していくためには，製造，製品開発，管理，営業，事務経理に携わるスタッフが必要と思われます[2]。開業時にスタッフが多いのにこしたことはありませんが，スタッフを確保する予算に限りがあることも確かです。企業によってさまざまですが，開業時の平均従業者数は3.6人というアンケート結果（日本政策金融公庫　総合研究所［2019]）もあります。そこで当初のスタッフを4人として考えてみると，たとえば**図表1－2**に載せているように，代表が営業と設計を兼ねることも考えられます。

---

2　業務内容によっては，IT関連のスタッフが必要となる場合もあります。

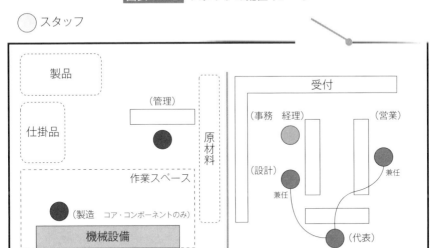

図表1－2　スタッフの配置イメージ

ところで管理に携わるスタッフは何をしているのでしょうか。企業が収益を
確保するためには製造原価（材料費，労務費，その他さまざまな経費）につい
て把握し，改善していくことも望まれます。また，スループット（through-
put：単位時間あたりの処理量あるいは処理能力）も気にかけていく姿勢が必
要でしょう。

✪　投資家を意識してみよう―健全なガバナンス―

開業時に予算が限られていることを考慮する必要は当然ありますが，たとえ
小さな企業であれ，適切にスタッフを配置することが健全なガバナンス（gov-
ernance：統治）につながります。わが国でも2010年代になってからコーポ
レート・ガバナンス・コードや日本版スチュワードシップ・コード等によって，
投資家はより深く企業のガバナンスに注目しています。それは決して大企業だ
けの話ではありません。たとえばある企業がどんなに素晴らしい製品を作って
いたとしても，部品を供給している取引先が製造に関して万が一不正を起こし
ていたら，その企業の責任は免れません。

さまざまなビジネスのチェーンで他の企業とつながるベンチャー企業にも出
発段階から健全なガバナンスが求められているのです。

# 3　企業が発展した場合の組織構成

　その後，ビジネスが軌道に乗ってきた場合についても簡単に触れておきましょう。その場合は，より多くのスタッフで構成される部署が設立されていきますが，その組織設計は企業によって多種多様です。

　以下はあくまでも一例と考えてください。

　組織が巨大化していけば，社長の下に経営企画室がおかれる場合があります。この経営企画室を起点として企業の内部設計をしていくことも一考です。

　製造業であれば，経営企画室の下には事業の根幹となる生産本部を設けることも有益です。生産本部の下には，先に見た開発，製造，管理が発達して，製品の設計ならびに開発について具体的な製造プランを講じていく開発部，製造の現場となる製造部，品質や生産工程を管理して工場に対して生産の指示を行う管理部といった具合に組織が設計されていくでしょう。さらに製造に必要な原材料を調達してくる調達管理部等をおいてもよいかもしれません。

 ビジネスをつなぐチェーン ⇔ 物流（第3講）へ

　たとえば製造業であれば，物流（第3講）が重要な役割を演じることも考えられます。業種によっては倉庫だけでなく，在庫管理を機動的に行う物流センターも必要となるでしょう。そうした場合，物流管理部等も設置されるかもしれません。また，製造業において原材料のロスは致命的な問題となる場合も多く，さまざまな自然災害等にも備えておく必要があります。そこで，在庫管理を外部委託し，VMI（Vendor Managed Inventory：納入業者在庫管理方式）を導入することも一考です。

　ビジネスの発展とともに，先にみた営業は営業部となって，製品の売り上げ目標を掲げ，組織的に企業利益を追求していくことになるでしょう。あるいは営業本部を置き，用途に応じて営業に関する部を細分化することもあるかもしれません。そして，事務経理は総務部，人事部，経理部等に変わっていきます。さらに情報システム部も必要となる場合もあります。

ビジネスをつなぐチェーン ⇔ 販売促進戦略（第 3 講）へ

　企業が発展してくれば，属人的な営業を行うのではなく，顧客管理，案件管理，さらにはクレーム管理等を共有しながら最適な営業活動を行う必要があります。そのためにSFA（Sales Force Automation）等の営業支援システムを活用し，全社的な情報共有に努めることも選択肢の 1 つです。営業担当が 1 人では見過ごしそうな事象でも，販売促進戦略にとって重要な場合があり，細かな情報の蓄積が勝機につながる可能性があります。

　企業組織については，ビジネスの展開に応じて，また社会変化に応じて変更されていくでしょう。ただし，組織の度重なる変更については，取引先相手だけでなく投資家の混乱も招きます。あくまでも組織は本業の業務の変化に応じて変更されるべきであり，組織の変更自体が企業価値をもたらすと考えるのは早計です。いうまでもなく本業を優先していくことが求められています。

 投資家を意識してみよう─ROEを意識してみよう─

　企業はさまざまな情報分析を行い，包括的な経営戦略を講じます。その際，企業の最終目標としてKGI（Key Goal Indicator：重要目標達成指標）を設定して，すべての部署で共有することが考えられます。また，KGIを達成するためには，より細かで現場レベルのKPI（Key Performance Indicator：重要業績評価指標）を設定する場合もあります。

　ところでKGIについてはどのようなものをイメージしたらよいでしょうか。投資家が判断しやすいものとしては売り上げでもよいですし，ROA（Return on Assets：総資産利益率）等の財務指標でもよいかもしれません。

　ここでは一例として，投資家からの注目度も高いROE（Return on Equity：自己資本利益率）について見ていきましょう。ROEは当期純利益を自己資本で割って求めます。2014年 8 月に経済産業省より「持続的成長への競争力とインセンティブ～企業と投資家の望ましい関係構築～」（伊藤レポート）が発表され，そのなかでも日本版ROE経営に関する提言も行われています。ちなみに伊藤レポートはROEの水準を最低限 8 ％と提唱したことから大きな話題をよびました。

　それでは，企業がROEを高めたい場合，何をしたらよいのでしょうか。

　ROEを 3 つの要素に分解し，それぞれの要素を考察することをデュポン・

アナリシス（DuPont Analysis）とよびます。ROEの３つの要素は，ROS（売上高当期純利益率，Return on Sales），総資産回転率，財務レバレッジであり，そのいずれかを高めることがROEを高めることになります。従来，日本企業のROEは低調であり，理由としてはROSが低かったことが考えられます。ただし，ROSを向上させることは，企業経営において抜本的な改革を必要とします。そこで，短期的に改善の可能な財務レバレッジに注目する企業もあります。財務レバレッジを高めることは，企業負債を増加させ，自己資本を削減することでも可能だからです。

　このようにROEの向上といっても，どの要素を向上させているかを見極める必要があります。

■　■　■

学生：企業が発展した場合まで話が進んできましたが，開業の時に話を戻しませんか？　ビジネスを展開していくと決めたら，設立登記とか手続きが必要ですよね。

先輩：早急に事業を開始する必要があるなら，まずは個人事業として開業しておいて，その後に法人事業に鞍替えしてもいいね。ただ，ビジネスの継続性を最初から考えるなら，個人事業より法人事業にメリットがあるかもしれない。

学生：法人というのは，株式会社のことですか？

先輩：株式会社はあくまで法人の選択肢の１つだよ。企業の意思決定においてスピードを重視するならば，所有と経営が一体化している『合同会社』も捨てがたいし，それ以外にも無限責任社員のみの『合名会社』，無限責任社員と有限責任社員で構成される『合資会社』もあるよ。

学生：いろいろな選択肢があるんですね！　でも，株式会社は株式譲渡自由の原則というのがあって，資金を調達するときも便利だし，なんといっても，資本金１円で株式会社を設立できるとか。

先輩：2006年にできた会社法によって，株式会社1,000万円，有限会社300万円という最低資本規制が撤廃されたから，資本金１円での設立は確かに可能だよ。でも，事業の継続性を考えれば現実的とはいえないね。

学生：わかりました。１円といわず，必要な資本金でスタートすることを前提に，とりあえず最もポピュラーな株式会社ということにしておきます。

先輩：株式会社を設立するとしたら，『誰が株主になってくれるか』を常に意識していく必要がでてくるね。

■　■　■

　起業したばかりの出費は容赦ないものと思われます。たとえば製造業であれば，機械設備等の用意に相応の資金が必要となります。喉から手が出るほど資金がほしい状況では，出資け誰からでもありがたいのが正直なところでしょう。ただし，たとえば株式会社を例としてみれば，資本金を誰から調達するかは今後の企業展開に重要です。

# 4　創業期の資金調達

　企業の草創期に資金を提供してくれるのは起業家の親，兄弟姉妹，親類縁故，親しい友人等が考えられます。そして，次に資金を提供してくれるのは豊富な投資経験を持つ個人投資家，すなわちエンジェル（Angel）かもしれません。みずからが起業経験を持つエンジェルならば，その出資を受け入れることで豊富な知見も同時に得ることが期待できます。

　ただし，わが国ではエンジェルよりもむしろ「エンジェル税制」のほうがおなじみではないでしょうか。個人投資家にとって，創業して間もない企業に投資する場合にエンジェル税制のメリットがあります。具体的には（個人投資家が金銭の払い込みにより株式を取得した場合に），個人投資家の所得税において確定申告時に優遇措置が得られる仕組みです[3]。ベンチャー企業にとっても，エンジェル税制の投資対象企業となることで，さまざまな投資家からの資金調達が可能となるため，当税制を積極的に活用するメリットはあります。

　また，返済義務のないさまざまな起業補助金を活用することも望ましいでしょう。さらに近年では，不特定多数の人（crowd）に対してインターネットを通じて資金を募るクラウドファンディング（crowd funding）も一考の余地があります。ベンチャー企業が資金を借り入れたい場合に機動的に「貸付型」クラウドファンディングを利用する手もあります。また，クラウドファンディングには「貸付型」以外にも「投資型」，「寄付型」，「購入型」といった選択肢

---

3　エンジェル税制には，一定の要件を満たす設立3年未満の企業への投資を対象としたAタイプと，一定の要件を満たす設立10年未満の企業への投資を対象としたBタイプとがあります。たとえばAタイプでは，（控除額の上限はあるものの）総所得から「投資金額から2,000円をひいたもの」を控除できる仕組みです。

もあります。かりに企業が製造業の場合，実際に製品が完成した時に出資額に応じて製品を分配する「購入型」を利用すれば，製品の魅力を潜在的な購入者に伝える利点があります。また，その場合，資金提供者からさまざまなアイデアを得られる可能性もあります。

 ビジネスをつなぐチェーン ⇔ ブロックチェーン（第5講）へ

　2010年代にICO（Initial Coin Offering）とよばれる資金調達法がブームとなりました。ICOは第5講で解説するブロックチェーン（Blockchain）を主に利用した資金調達の方法です。ICOに関しては（登場した当初はベンチャー企業の新たな資金調達法として脚光を浴びたものの）その後わが国をはじめ多くの国でその未熟な使われ方から，問題点が指摘されるようになります。現時点においてICOを締めくくれば，一過性のブームだったということになるでしょう。ブロックチェーンを活用するならば，あくまでもブロックチェーンを活用した健全な資金調達の可能性について考える必要があります。現在注目を浴びている資金調達法の1つ，STO（Security Token Offering）に関しても，その点をふまえてより慎重な制度設計が求められます。

　また，ベンチャー企業に精通しているベンチャーキャピタル（Venture Capital：VC）の出資を受けることも一考です。日常的に多くのベンチャー企業と接するベンチャーキャピタルは，資金提供以外にもさまざまな知見を企業に提供してくれるでしょう。さらに，事業会社が設立したコーポレートベンチャーキャピタル（Corporate Venture Capital：CVC）の活用用途も大きいことが考えられます。2020年4月からはベンチャー企業への投資に関する新たな税制優遇制度である「オープンイノベーション促進税制」も始まりました[4]。オープンイノベーション促進税制とは，スタートアップ企業（ベンチャー企業）とのオープンイノベーション（open innovation）を目指す企業やコーポレートベンチャーキャピタルが，該当企業の新規発行株式を取得する場合に，税制上の優遇措置を図るものです。

---

[4]　2019年3月まで，企業がベンチャー企業へ出資した場合に税制上の優遇措置が得られる「企業のベンチャー投資促進税制」が行われていました。

## 5 「魔の川」と「死の谷」

企業が資金を必要とするのは草創期だけではありません。今後の展開がはっきりすればするほど，資金計画に関する困難性も見えてきます。

ベンチャー企業が遭遇する困難性として，「魔の川」と「死の谷」という言葉があります[5]。「魔の川」について考える前に，「こんな製品があったらいいな」というビジネスアイデアを製品化することを想像してみてください。いうまでもなく，頭の中で思いついたビジネスアイデアを実現するために，現時点において世の中に存在しているものを組み合わせる必要があります。とくに，「技術的にどこまで可能か」をふまえていなければいつまでも製品にならないし，むりやり製品化しても中途半端なものとなります。このように「魔の川」とはビジネスアイデアとそれを製品化する過程との間にある「大きな越えられない隔たり」と考えてください。

 ビジネスをつなぐチェーン ⇔ オプションプライシングモデル（第 6 講）へ

ビジネスアイデアを製品化しようとする事例とは異なりますが，現存する技術以上のものを前提としたアイデアに邁進した学術的な事例として，第 6 講のバシュリエ（135ページ）の事例が挙げられます。バシュリエは今から120年以上前に（現代では周知とされている）資産変動に関する数理モデルの構築にとりかかります。ただし，バシュリエはその当時では存在しない数理技術を想定してモデル作成に取り組んだため，モデル完成には至りませんでした。製品と数理モデルとの違いはありますが，これは「魔の川」の一種であり，後世になってその偉大な業績がわかったとしても，同時代のほかの人々にはまったく理解できないという悲劇につながります。

---

5 「魔の川」「死の谷」と並列した表現として「ダーウィンの海」という言葉があります。「ダーウィンの海」は，該当のビジネスが大規模に発展していく過程において多くのライバル企業が参入し，競争が繰り広げられ，ほんのわずかな競争力の差で多くの企業が淘汰されてしまう可能性を示しています。

　それでは「死の谷」とは何でしょう。かりに，ベンチャー企業が運よく「魔の川」を抜け出し，アイデアを製品化できたとしましょう。そこにも残念ながら，新たな困難が生じる場合があります。たとえば製造業であれば機械設備以外でも，日々，原材料を持続的に購入したり，部品を調達したりする資金が必要です。ただし，製品が1つも売れていない段階で企業が必要な資金を確保できなければ，まさに「理不尽な終わり方」に直面するでしょう。すなわち「死の谷」を資金面から見れば，ビジネスは着実に軌道に乗っているにもかかわらず，日々の資金繰りに追われて運転資金が枯渇してしまう状況と考えてください。このような日々の資金調達に迫られている場合，エクイティファイナンス（Equity Finance：株式による資金調達）を講じると「誰が株主となるか」を気にしている余裕がないものです。ただし，後の展開を考えた場合には議決権をどのようにコントロールするかは重要であり，積極的な対策が必要です（「Column　種類株式と投資家対策」143ページを参照してください）。

## 6　デットファイナンス

　企業が資金を借り入れるデットファイナンス（Debt finance：債券発行や借り入れによる資金調達）についても考えていきましょう。企業がスタートしたばかりの頃には，金銭消費貸借契約を結んだうえで親戚や知人等から資金の借り入れを行うことも考えられます。ただし，企業が発展するなかでそのような借り入れにも限界があります。そこで，信用保証協会の保証を前提とした融資を活用したり，日本政策金融公庫の新規開業資金（新企業育成貸付）等を活用したりする場合もあります。借り入れの規模が拡大していけば，簡易な手続き（購入者数を50名未満に限定した場合に取締役会の決議のみ）で発行可能な私募債の発行も選択肢となるでしょう。

　さらにビジネスの世界では，企業間の信頼関係に基づいて実質的な金融が行われます。このような企業間金融について見ていきましょう。

　たとえば製造業の場合，取引先から原材料を購入するのに，必ずしも現金で即座に支払うとは限りません。たとえば買掛けは，掛けで原材料を購入して支払い約束をするものです。それは，取引先相手が代金の支払いを猶予している

ことでもあり，実質的にはその期間に購入代金の金額を貸与する金融行為と同じです。ただし，万が一買い手が約束期日に代金を支払わない場合には訴訟手続きに時間がかかるため，取引先相手から買掛けは敬遠される傾向にあります。

　そこで使われるのが約束手形です。約束手形は期日に特定金額の支払いを約束した有価証券です。たとえば製造業者が約束手形を振り出し，取引先相手に受取人となってもらいます。これも取引先相手による金融行為にかわりありません。また，万が一約束手形の受取人，すなわち取引先相手が期日までに資金が必要になって約束手形を現金化したい場合には，「銀行をはじめとする金融機関（以下，銀行）」に利子分を控除して（額面より割り引いて），購入してもらうことになります（銀行の一般的な業務については次のColumnで説明します）。また，こうした手形割引では利子分の負担が生じるので，もう少し額面に近い部分を回収したいと取引先が考えるならば，裏書きをする方法もあります。裏書きには権利移転効力があり，裏書人から被裏書人に一切の権利が移転するため，第三者に手形を譲渡することが可能となります。

　このような買掛けや約束手形は企業にとっては欠かせないものです。

## Column—銀行に関する基礎知識

　銀行は，企業にとってビジネスを展開するうえで重要なパートナーとなります。従来から，銀行の業務は「預金」「融資」「為替」の3つといわれてきました。まず「預金」については，日常生活でもおなじみであり，新しい企業が誕生すれば，まずは銀行口座を開設し，さまざまな取引を行っていくことになります。銀行口座には，企業間取引の決済を完遂させる以上の役割があります。たとえば企業は，銀行に当座預金口座を開設することで小切手の発行が可能となるため，決済に小切手を使うことが可能となります。通常，小切手は当座預金の上限を超えて振り出すことはできませんので，当座預金預入額以上の決済ができません。ただし，銀行と当座貸越契約を結ぶことで，当座貸越，すなわち当座預金の残額を超えて振り出すことが可能となります。これは銀行からの「融資」そのものといえます。

　また，上の節でみたように「融資」にはそのほかにもさまざまな形態があります。銀行を受取人として，企業が約束手形を振り出すことによって，

手形貸付を受ける場合もあります（この場合は手形金額が借入金額となります）。ただし手形を振り出した日に手形期日までの利息も支払うことには注意が必要です。また，銀行に対して金銭消費貸借契約証書を差し出して証書貸付を受ける場合も同様の注意が必要です。

　最後に，銀行が行う「為替」とは何でしょうか。一般的に，為替とは遠隔地間の資金の受け渡し，すなわち現金の移動を伴わない決済です。そして，国内か海外の分類において，内国為替と外国為替とに分かれます。内国為替は，銀行等の金融機関を通じて最終的に資金決済を行う仕組みです。日本国内では，全国銀行内国為替制度（内為制度）において全銀行の貸借関係が相殺され，銀行同士の受払いについては，（銀行がそれぞれ日本銀行に持つ）「日銀当座預金」を通じて清算されることになります。

　ちなみに為替は，送金為替（並為替：製品の買い手が売り手に代金を送る方式）と，取立為替（逆為替：製品の売り手が買い手から代金を取り立てる方式）の2つに分けることもできます（取立為替については第4講で具体例を示します）。


# 7　持続可能な経営

　新しく生まれてくる企業がどんなに素晴らしいビジネスアイデアを持っていても，ひとりよがりな戦略を展開すればビジネスからの退出勧告を必ず余儀なくされます。さらに「あるべき前提がなければ」企業は出発点にすら立つことができません。その前提とは，いうまでもなく企業が社会のサステナビリティ（sustainability：持続可能性）を目指していることです。2015年9月に国連サミットで採択されたSDGs（Sustainable Development Goals：持続可能な開発目標）は持続可能な世界を実現するための17のゴールと169のターゲットから構成されています。企業は「持続可能な経営（Sustainable Management）」を目指し，その成否は企業を取り巻くすべてのステイクホルダー（stakeholder：利害関係者）にとって重要な関心事でしょう。

　従来，出発したばかりの余裕のないベンチャー企業にこうした概念を要請することには無理があったことも確かです。ただし，現代では企業の大小にかか

わらずすべての企業がSDGsをゴールとして認識し，通常の業務を通じて積極的に社会へ貢献していく必要があります。たとえばサーキュラーエコノミー（circular economy・循環型経済）実現への意識を持ち，5R（Reduce, Reuse, Repair, Return, Recycle）を徹底すること，あるいは企業の内部を対象として，たとえば自社の屋上を緑化したり，エネルギーを自社調達したりする取り組み等があげられます。また，企業活動から出てくる温室効果ガスを最小限にとどめる脱炭素（Decarbonization）への取り組みが必要なのはいうまでもありません。

 ビジネスをつなぐチェーン ⇔ ブロックチェーン（第5講）へ

　たとえば，環境を保全するための取り組みとして，製品が搬送される段階から廃棄される段階までの二酸化炭素排出量の足取り，すなわちカーボンフットプリント（Carbon footprint）を把握し，それを製品に表示するカーボンラベリング（Carbon labeling）等が挙げられます。また，製品のトレーサビリティ（traceability：製品の生産から廃棄までの経路に関する追跡可能性）も求められています。このような取り組みをサポートするためには，確かな技術が必要です。取引記録を改ざん不可能な状態にして，誰もがその結果を確認できるようにする仕組みが必要であり，そこにはブロックチェーン（第5講）の活用がとくに望まれます。

　また何よりも，コンセプトだけが先行してしまったり，美辞麗句が連なるスローガンだけ終わってしまったりする事態を避けることが必要でしょう。言葉だけで実態が伴わないと，うわべだけ環境に配慮しているようなグリーンウォッシング（greenwashing）ととらえられる可能性もあります。

　ところで，生まれたばかりの企業にとっては，スタッフが肌身で実感できるワークライフバランスへの取り組みから始めるのも一考です。スタッフを慮る支援が後押しされることは，スタッフの高い意識形成に貢献します。まずは政府等が提供するさまざまな認定制度，たとえばスタッフの健康増進を目指す健康経営優良法人認定制度では大企業を対象とした部門だけでなく，中小規模の企業を対象とした部門もあります。また，子育てサポート認定企業として，たとえば「くるみん」あるいは「プラチナくるみん」取得に向けてチャレンジし

ていくことも一考でしょう。

---

 投資家を意識してみよう―ESGへの意識―

---

2006年にPRI（Principles for Responsible Investment：責任投資原則）
が提唱され，さらに2018年より説明責任ルールも要求されるようになっている
現在，投資家は投資先のセレクションにおいて，企業のESG（Environment,
Social, Governance）項目を重視しています。

そのため企業は投資家のESG項目に正面から向き合う必要があるといえま
す。ESGを過小評価する企業は議決権行使会社より反対票を求められるし，
ダイベストメント（divestment：いったん行った投資を撤回すること）の対
象ともなります。欧米の資産運用会社はますますESG投資を重視していますし，
わが国でもGPIF（Government Pension Investment Fund：年金積立金管
理運用独立行政法人）は，2017年よりESGの要素を考慮した投資を開始して
います。

生まれたばかりの企業においても，投資家のESG項目への意識が必要です。
ただし，項目をクリアすることだけに邁進してしまったり，企業のひとりよが
りの達成感で終わったりしてしまえば，投資家は逆に評価しないと思われます。
ESGへの取り組みとして，企業の高い志が問われています。

## **Column**―適切な役員報酬

企業が発展していくと，役員報酬への工夫も必要となります。

過大な役員報酬は社外を問わず批判の対象にもなりがちであり，場合に
よっては大きな社会問題に発展する場合もあります。たとえば米国の大手
保険会社AIGの事例を見ていきましょう。

2008年9月のいわゆるリーマンショックに伴い，AIGは窮地に陥ります。
実体経済への影響を危惧したFRBはAIGに対して850億ドルの緊急融資を
行いました。ところがそのような政府の融資があった直後の2008年冬，奇
妙な現象を世間は目にすることになります。冬のボーナス期になり，AIG
の役員に対して高額の役員報酬が支払われようとしたためです。AIGはこ
のようなボーナスの支払いはリーマンショックが起こる前から決まってい
たことを主張しましたが，贔屓目に見ても，FRBから融資された資金で
AIGの役員に高額な役員報酬を支払っているとしか見えません。これを

きっかけに，企業における高額報酬が社会において大きな話題となり，2009年9月にはG20で高額報酬の抑制が合意されます。さらに，2011年にはリーマンショックによって生活が苦しくなった市民を中心として「We are the 99%」を掲げた「Occupy Wall Street（ウォール街を占拠せよ）」活動も始まりました。

　このように，的確な役員報酬の設計は，社会の制度設計にも深く関わってくると考えてください。

## 考えてみよう　ビジネスアイデアとリスク

　ビジネスアイデアを思いつくには，どうしたらよいのでしょうか。

　世の中でこれだけのビジネスが発展しているなか，さらに新しいビジネスを発見するのは容易ではありません。新しいビジネスアイデアはわれわれの世界において，最大の難問（conundrum）ではないでしょうか。AI（Artificial Intelligence：次の第2講で解説）の能力が人間を超えてしまうというシンギュラリティ（Singularity：特異点）が実現しても，新しいビジネスアイデアはあくまでも人間のみに課された役割と思われます。

　しかも，ビジネスアイデアは単に思いつけばよいものではなく，製品であれ，サービスであれ，世の中の仕組みにしっかりと組み込まれる必要があります。いまどきの言い方をすれば，ビジネスアイデアをテストベッド（試験環境）で実証しながら，ビジネスの仕組みを実用化していくPoC（Proof of Concept）が必要ということになるでしょう。的確なメンテナンスやアフターケアもその事業価値を決めるでしょうし，有事の際にビジネスが止まってしまえば失格です。これだけを考えても，新しいビジネスアイデアを生み出そうとする気持ちはくじけてしまいそうです。

　さらに付け加えるならば，ビジネスアイデアには「良質なリスク」を兼ね備えている必要があります。

　質の高いビジネスアイデアは社会に「良質なリスク」を生み出し，「良質なリスク」は投資家の関心を惹きます。リスクという言葉に対して悪いイメージ

を持たれる方もいると思いますが，リスクとは投資家の「不安交じりの期待感」
と考えるべきです。結果はどうであれ，投資家がリスクをとろうとすることで
社会に新しい道が切り開かれることは確かです。それに対して，良くないビジ
ネスアイデアは「悪質なリスク」が伴います。「悪質なリスク」は本来社会が
必要としなかったリスクであり，人為的に作り出されたリスクです。

　「悪質なリスク」を持つビジネスの一例として2000年代の米国で横行した，
いわゆるサブプライム・ビジネスについて考えてみてください[6]。

　2000年代にサブプライム・ビジネスのスキームを作り上げたのはリーマン・
ブラザーズをはじめとする米国の投資銀行です。このビジネスの出発点にはそ
もそもリスクが必要とされました。そして，民間銀行が家計に対してサブプラ
イム・ローンというリスク性の高い住宅ローンを貸し出すことで意図的なリス
クが作り出されていきます。サブプライム・ローンは，このビジネス全体の原
料であるため，ローンの貸し出し件数は多ければ多いほど望ましくなります。
「悪質なリスク」の大量生産の出発点です。

　また，銀行はこうしたローン債権を内部に抱えることなく，この事業のため
に特別に作り上げられたSPV（Special Purpose Vehicle：特別目的事業体）に
譲渡します。SPVは，こうしたローン債権の証券化を行い，多様なCDO（Col-
lateralized Debt Obligations：債務担保証券）とよばれるサブプライム証券を
つくりあげました。複雑な構造を持つこの種の証券に対して格付け機関が過大
評価をして高格付けを連発し，多くの投資家がサブプライム証券を手にするこ
とになります。「悪質なリスク」は社会に転々と伝わっていき，サブプライム・
ビジネスの最終地点は，当時（第2次世界大戦以降）最大の危機とよばれた
2008年のリーマンショックでした。あえて世の中に必要でない「悪質なリスク」
は，それに付随するビジネススキームとともに，実体経済を危機に至らしめた
のです。

　2020年のコロナショックとの比較でリーマンショックが引き合いに出されま
すが，2つのショックの違いを一言でいえば「人災」かどうかと思われます。

---

6　サブプライム・ビジネスの詳細については，拙著・足立 [2010] にまとめています。またリーマ
ンショックの全容についてはSorkin [2010] を薦めます。

コロナショックもさまざまな機関の不適切な対応による「人災」ととらえる考えもありますが，リーマンショックは「悪質なリスク」を意図的に製造した「人災」そのものといえます。

　以上のことを考えれば，不自然に人為的に生み出されるリスクは大変危険です。一方，企業に勤めるのであれ，自分で起業するのであれ，新しいビジネスアイデアを提供して，「良質なリスク」を生み出してくれる人々は社会にとって貴重な存在です。とくに，起業が成功に至る確率は低く，誤解をおそれずにいえば，起業家は最終的に社会の「人身御供」となってしまう可能性があります。一方，起業家が成功した場合，われわれはその成功を妬んでしまいがちです。ただし，現代社会を突き動かしているのは，「良質なリスク」を持つ良質なビジネスアイデアであり，それを生み出す起業家であることに間違いありません。われわれの社会には，「良質なリスク」を生み出す起業家をリスペクトし，そうした起業家を支える姿勢が必要ではないでしょうか。

### 第1講　確認のための課題

　もし起業するとしたら，どのようなオフィスを設計するか考えてみましょう。さらに，自身で用意できない資金に関して，誰からどのように資金調達を行うかについても考えてみてください。また学校のクラスであれば話しあってみてください。

第 **2** 講

# 生 産 体 制

IoTとディープラーニングのかんどころ

　A君とBさんの会話はまだ続いています。現在ニュースをにぎわしているIoTやディープラーニングを起業に活かせないか，話題が移ってきたようです。

■　■　■

先輩：だいぶイメージも固まってきたね。そろそろ，何かよいビジネスアイデアを思いついたかな？

学生：起業した先輩と違って，そんなすぐに思いつかないですよ！　もうちょっと，自分に一番苦手な「モノづくり」のまま『頭の中で起業』をすすめていいですか？

先輩：そう怒るなって。じゃあもう少し「モノづくり」企業として考えてみよう。

学生：たしか，会社の製造スペースには，コア・コンポーネントを作るために機械設備を導入している，という設定でしたよね。でも，生産工程に関して『かんどころ』のわかるスタッフが常に現場で監視している必要があるんじゃないですか？

先輩：必ずしもそうとは限らないよ。現代ではさまざまな技術を駆使しながら，機械設備から得られる情報を活用して，オートメーション化を行うことができる。製造現場のスタッフが不在でも対処できる場面が増えているんだ。

学生：「Internet of Things」，いわゆるIoTの活用ですね。

先輩：そのとおり！　2018年6月に生産性向上特別措置法が施行されたから，生産性向上のための設備投資の促進が図られるとともに，プロジェクト型サンドボックス制度も始まるよ。

学生：サンドボックス？　砂場ですか？

先輩：イメージとしては間違っていないね。ビジネスアイデアが今までになく新しい場合，現在の規制のなかで実証できないこともたくさんあるから，外部から遮断した状況を設定して，その中で新しいビジネスを実証，そして必要な規制見直しを行っていく制度のことなんだ。区切られた砂場でいろんなおもちゃで遊んでみる，そんな感じかな。

学生：なるほど。起業する際に使えそうな制度ですね。

先輩：さらに2018年6月から2020年3月にかけてコネクテッド・インダストリーズ税制，いわゆるIoT税制によって，生産性を向上させるために企業のセンサやロボット等の導入も後押しされているんだ。

学生：新しい技術で世の中にチャレンジしたいベンチャー企業には，最新の機器も必要ってことですね！

先輩：そのとおり。ただ，新しい機器等の導入は初期コストもかかるし，より新しいものが出てきたときに別のものにリプレースしようとすれば，その分コス

トがかかることも気にしなきゃいけない。流行に飛びつかず，世の中のスタンダードになりそうな機器を見極める必要があるだろうね。

■　■　■

　ビジネスアイデアを実現することは決して簡単なことではありません。また，アイデアの発想と同時に，世の中全体のビジネスのなかでの位置づけもイメージする必要があります。さらに製品の価格決定や販売促進，そして適切な在庫管理等も必要でしょう。

　前講の設定では，最低限の機械設備を製造スペースに導入するといったものでした。最低限のスタッフで，機械設備を継続的に管理・運用していくにはどうしたらよいでしょうか。製造過程を効率的に管理していく手段，そしてそこに現代のテクノロジーがどのように使われるかをイメージしてみましょう。

# 1　IoTとは何か

　現在，IoT（Internet of Things）[1]という言葉が巷に溢れています。この言葉が生まれた当初は，その言葉の定義も現場によってさまざまであったと思われますが，2012年にドイツが第 4 次産業革命を意識してIndustrie4.0を提唱したことから世間で注目されるようになりました。

　IoTをどのように活用するか，そのイメージを簡単に見ていきましょう。

　たとえば製造業の工場を想像してください。工場のなかにはさまざまな機械設備が存在します。ただしこうした設備は通常，与えられた業務以上の能力を持ちあわせていません。特別な設計がされていない限り，機械設備に何らかの異常事態が生じても，機械自体がその異常を現場のスタッフに伝えることもできなければ，ましてやその状況を判断してみずから制御することもできません。

　従来，工場にいるスタッフが「現場の勘」で機械設備の異常事態等を見抜いて，必要な措置をとっていました。そして，現場では他のスタッフの知恵をあわせて解決を図るためにも，アンドン（工場のなかで状態を報告するシステム）

---

1　IoTの概要を把握するために八子［2017］，IoTの実装のために下島［2019］，IoTを利用したビジネスアイデアの具体的な体験談として野々上［2017］を薦めます。

や掲示板を使って情報共有する仕組みがとられていました。結局のところ，現場には機械設備を的確に管理するスタッフが必要であり，そのためにオートメーション化は常に意識されてきたといえます。ただし，オートメーションに対応できる設備を一から用意すれば，そのコストは莫大なものとなります。

　それに対してまったく新しい潮流が近年出現します。まず，スマートフォンの普及によって，それに内蔵されるためのセンサ（sensor）が大量生産されるようになりました。そのため，世の中にセンサが安価で大量に供給されるようになったのです。また，用途を限定した安価なボードコンピュータも普及してきました。工場内で発生しているさまざまな情報をセンサから取得し，ネットワークを通じて然るべき場所に送り，そこで高度な解析を行い，その解析結果をふまえて工場等で自動的な対応を施す，そのようなIoT革命が始まります。特別な機械設備を導入するのでなく，安価になったセンサとコンピュータを起点として，たとえ「継ぎ足し」であっても効率のよいデバイスを作りながら，工場を活性化するイメージを見ていきましょう。

## 2　簡単なIoTデバイスのイメージ

　本書が想定している企業は製造業であり，ファブレスメーカーであるため製造過程の大半についてアウトソーシングをしています。ただし，コア・コンポーネントについてはみずから製造するために，オフィスの中に1台だけ機械設備を導入しているという設定でした。ここにIoT導入を簡単にイメージしてみましょう。

　**図表2－1**を見てください。これは図表1－2の左下の部分（オフィスの製造スペース奥の場所）の機械設備であり，それをスタッフが監視しているイメージです。

　かりにこの機械設備にのぞき窓があり，そこから製品の製造過程が確認できるとします。そして，のぞき窓から見えているのは，製造管理において重要な情報としておきましょう（こうした情報の解釈については本講4で解説します）。通常ならば，現場のスタッフがのぞき窓から見える状況を目視で確認した後，これまでの経験をふまえ，必要に応じた措置をとります。異常事態をき

図表 2 - 1　製造スペースのなかの機械設備

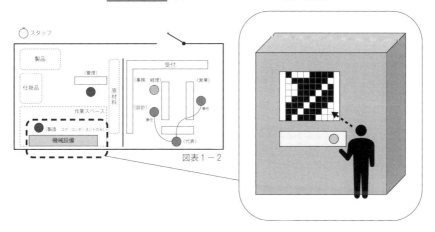

図表 2 - 2　簡単なセンサデバイスのイメージ

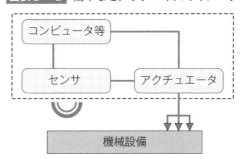

ちんと見抜くためにスタッフは常駐する必要がありますが，定時になれば仕事場をあとにして帰宅します。そこで人を介さずに，このような作業を自動化したいと考えたとしましょう。

　図表 2 - 2 を見てください。のぞき窓からの様子を常時監視するために，センサを備えた簡易なデバイス（センサデバイス）の制作を考えてみましょう。センサデバイスはあくまでも人間を介することなく，自動的に「○○の状況では△△の措置をとる」ものとします。必要となるのはセンサ，コンピュータ，そして実際の動作を行うアクチュエータです。

　第 1 に，センサについては，のぞき窓からの状況を捉えるセンサ（たとえば

製品の温度を管理するサーモセンサのようなもの）を想定してください。

　第2に，センサと有線接続するコンピュータについて考えてみましょう。今回のように1台の機械設備を対象とした1台のセンサデバイスを製作するには，コンピュータも1台であり，オフィスで使われているパソコンを適用してもよいでしょう。ただし，万が一多数の機械設備があり，その数に応じた大量のセンサデバイスを用意する場合には，その1つひとつに普段オフィスで使われているようなパソコンを用意していくことにはコストがかかりすぎます。そこで一般的に用いられるのは，安価で最低限の機能をもつボードコンピュータです（本書の以降の解説でも，使用するコンピュータとしてはボードコンピュータを想定します）[2]。

　第3に，最終的に機械設備に対して（ボタンを押したり，レバーを上げ下げしたりするような）何らかの働きかけを行う稼働部分が必要であり，アクチュエータ（actuator）を利用します。こうしたセンサデバイスだけでも単純なオートメーション処理が可能ですが，より高度な作業を可能とするためには，次節でみるようにネットワークに接続する必要があります。

★ 投資家を意識してみよう―IoTから始まる新しい世界―

　これまでの設定のように，製造スペース内に1台の機械設備があり，それに対して1つのセンサデバイスを導入しているとします。この場合，オフィス内には電源コンセントがあるため，センサデバイスへの電力供給に問題が生じることは通常ありません。また，電池で稼働するセンサデバイスであれば，電池が切れたら入れ替えればよいだけです。

　一方，大規模な工場内に古い機械設備が無数にあり，それに応じた大量のセンサデバイスを導入する場合を考えてみましょう。たとえ電池で稼働するにせよ，手の届かないところに設置されたセンサデバイスの電池を入れ替えることは簡単でありません。このような場合にはどのように対処していくのでしょうか。

　現実的な対策としては，センサデバイスの消費電力を極力おさえていくことですが，現在検討されているのが，エナジーハーヴェスティング（energy

2　ボードコンピュータとしてはたとえばRaspberry Pi等が挙げられます。ただし，用途を限定できるのであれば，ESP32等の比較的安価なマイコン（microcontroller：集積回路）を活用することも考えられます。

harvesting）です。エナジーハーヴェスティングは，空間にある振動，光，熱等の微細な粒子をとらえ，それを電力に変換する技術です。このような新しいテクノロジーが，さまざまなセンサデバイスの生命線となることは必至です。また，開発の方向性によっては地球環境に優しいものとなるかもしれません。投資家にとってIoTはもちろんですが，IoTから派生してくる領域も目の離せないものとなるでしょう。

## 3　クラウドの活用

　センサから得られた情報を基にさらに高度な分析を行い，それに応じた高度なオペレーションを必要とする場合，クラウド（cloud）（21ページで紹介したcrowd fundingのcrowdではありません）を活用することも一考です。

　一般的にクラウドとは，データセンターとよばれる特定の場所に大量のサーバを集め，その能力を使って高度な処理機能をもたせたものであり，クラウドのユーザはインターネットを通じてクラウドの資源（resource）を利用することになります。現在，AmazonやMicrosoftといった巨大プラットフォーマーが提供するクラウド（AWSやAzure等）が，ビジネス全体のインフラとなりつつあります。こうしたクラウドはさまざまなSDK（Software Development Kit：ソフトウェア開発キット）を提供しており，企業の多様な目的に対応することができます。そして，クラウドでは送られてきた膨大なデータを可視化するだけでなく，ディープラーニング（Deep Learning：深層学習）等を使って高度な分析を行うことも可能となります（ディープラーニングのイメージについては本講4で説明します）。

　**図表2－3**はIoTオペレーションの前半部分です。機械設備から生み出される情報に対してセンサデバイスを使い，センシングデータを採取します（①）。そしてセンサデバイスはデータをゲートウェイ（gateway）に送ります（②）[3]。

---

3　本書ではセンサ，ボードコンピュータ，アクチュエータ，そしてゲートウェイと分類して定義していますが，たとえばセンサとボードコンピュータが一体化したもの，ボードコンピュータとゲートウェイが一体化したもの等，さまざまな種類があります。

**図表2-3** IoTオペレーション（前半部分）

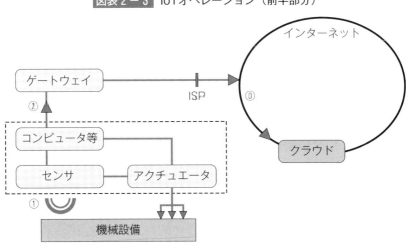

データはゲートウェイからISP（Internet Services Provider：インターネットサービスプロバイダ，いわゆるプロバイダ）等を経由してクラウドに到達し（③），ここで必要な解析を行うことになります。ただし，実際には現場のセンサ等から得られるセンシングデータはさまざまな異常データも含んでいるため，本来ならば十分な前処理（61ページ）が必要です。

**図表2-4** IoTオペレーション（後半部分）

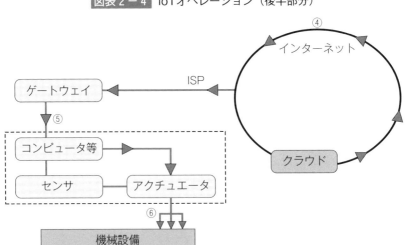

　図表 2 − 4 はIoTオペレーションの後半部分です。到達したデータをもとに
クラウドで解析が行われます。解析の結果として重要な情報を得れば，たとえ
ば現場にいるスタッフにアラートメールを送信すること等も考えられます。た
だし，さらなる業務の自動化を目指すならば，必要な命令を現場に向けて発信
（④）した後，命令はゲートウェイを通じてコンピュータ等に伝わります（⑤）。
その上でアクチュエータを作動させ，機械設備に対して必要な制御を行います
（⑥）。このようにクラウドを活用することで，既存の機械設備を有効利用しな
がらも的確なオペレーションが可能となります。

 投資家を意識してみよう―既存設備の有効活用―

　「センサデバイスをわざわざ導入しなくても，新しい機械設備にリプレース
すればよいのではないか」という考えもあるでしょう。古い設備を持つ工場で
センサデバイスが散在している状況は確かに見栄えのよいものではありません。
ただし，たとえ工場内部が「継ぎ足し」のデバイスであふれ，多少不恰好であっ
ても，最終的に企業価値を向上させるほうが「格好のよい」ものとして投資家
はとらえるでしょう。むしろ，既存の古い設備を有効活用していく姿勢のほう
が，ESGを重視する投資家にとって高い評価につながると考えます。

## Column―エッジコンピューティング

　上述のように，IoTはクラウドの持つ分析能力を前提として発展してき
ました。ただし近年，IoTにおいてはエッジ（edge）の概念がますます重
要になり，エッジコンピューティングが盛んになってきています。エッジ
とはネットワークの端っこと考えてください。すなわち現場に近いところ
で対応を図る方法です。エッジコンピューティングが必要とされる理由に
ついては，以下の 2 点が考えられます。
　第 1 に，現場のセンサデバイスから生み出されるデータは膨大です。大
量のデータに対して，どこまでクラウドで分析する必要があるかは疑問で
す。とくにクラウドにデータを送る際には広域ネットワークを使用します
ので，さまざまなインシデントに備えてデータの機密性を守る必要があり
ます。

　第2に，現場のコンピュータ周辺機器の技術進歩は著しいものがあります。エッジにおいてディープラーニングを実装できるためのツールも多く開発されています[4]。たとえクラウドで高度な分析を行うにせよ，現場でもある程度分析を行うほうが，迅速なフィードバックにつながります。

　実際のところ，エッジ処理をどこで行うかはさまざまです。**図表2－5**では一例として，ディープラーニング機能をセンサデバイスに導入する場合を考えてみました。そのような場合，広域ネットワークにデータを送るリスクを避けながらも，高度な解析と操作を現場で行うことが可能となります。

　そうした場合の手続きについては**図表2－6**を見てください。ここではセンサから情報を得て（①），それをエッジ側で解析して（②）必要な措置を自動で行います（③）。

**図表2－5** クラウドのディープラーニング機能をエッジに導入するイメージ

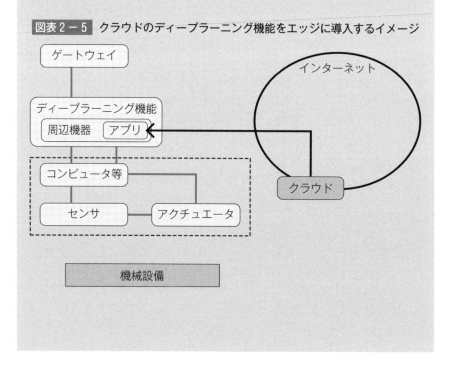

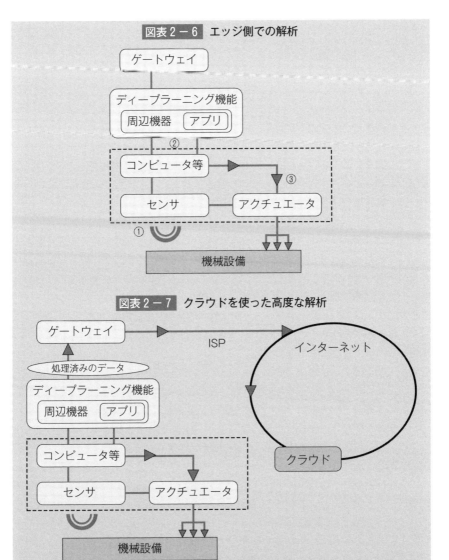

図表 2 － 6　エッジ側での解析

図表 2 － 7　クラウドを使った高度な解析

　さらに，図表 2 － 6 に付け加えて 2 段構えの活用もパターンとして考えられます。

　**図表 2 － 7** を見てください。この場合はまず現場に一時的な処理を任せ，エッジ側の解析結果を得ます。そして，もう少し高度な分析を行いたい場合のみに，クラウドに情報を送る方法です。

■　■　■

学生：クラウドでの解析に『ディープラーニング』という言葉がでてきましたね。なんかややこしそうですし，これも後回しにしましょう！

先輩：なんでも後回しにするのはやめようね（笑）！　ディープラーニングの処理は基本的にブラックボックスだけど，そんなにむずかしい話でもないよ。それに現代ビジネスはディープラーニングに大いに頼っているんだ。現代のビジネ人を理解するためには，AIをイメージできること，すなわちディープラーニングの基本的コンセプトをイメージできることが必要だと思うよ。

学生：むむむ，ではがんばってみます。最近はとくにAIの発展がめまぐるしいと聞きますけど，AIの研究は最近活発になったのですか。

先輩：確かにそうとも言えるけど，ディープラーニングは，もともと使われていたニューラルネット（Neural Network）という数理モデルを発展させたものなんだ。ニューラルネットは，生物の脳のなかにあるニューロンという神経細胞をモデル化したもので，こうしたモデルを現実のさまざまなソリューションに応用するといった発想自体は，実はかなり古くからあった。ちなみに，ニューロンの数理モデル化は，第2次世界大戦の戦間期に発表された論文[5]にまでさかのぼるんだ。

学生：70年以上前なんですね！

先輩：人間の頭の中には無数のニューロンがある。そしてそのニューロンには神経突起があって，ここから他のニューロンが出す刺激を受けていく。でも，ニューロンは他のニューロンから得られる刺激に関して単純な反応をしない。刺激が蓄積されていき，その蓄積量が一定量を超えると発火し，他のニューロンに刺激を伝達する，という反応を起こすようにできているんだ。

学生：AIとどうつながるのか，まだわかりませんが，ニューロン自体は意外と単純な仕組みですね。これがいわゆるAIの出発点になるんですか？

先輩：そのとおり。この仕組みを『教師から学ぶ』というコンセプトで作り直したのがアメリカの学者，フランク・ローゼンブラットだ。仮想の教師から間違いを指摘されつつ，対象を学習して自律的にモデルを完成させる，パーセプトロン（Perceptron）というモデルを考えたんだ[6]。

学生：パーセプトロン？　ニューラルネットの話をしてませんでしたっけ？

先輩：ざっくり言ってしまえば，このパーセプトロンを入力層，中間層，出力層と

5　McCulloch & Pitts［1943］
6　Rosenblatt［1958］

階層的に並べながらネットワークを作るんだ。そして，Back Propagation 法とよばれる方法を使い，学習によって得られた情報をネットワークに残していく（49ページで解説）。これがニューラルネットと考えていい。機械が人間のように学ぶ仕組み，いわゆる機械学習の1つとして確立されたんだね。現実の社会でさまざまな問題に対してニューラルネットによる学習モデルを構築して，予測あるいは分類の問題に適用されている。

学生：すごいですね。ニューラルネットで十分じゃないですか？

先輩：それが，残念ながらニューラルネットの学習能力や予測精度には限界があるんだよ。社会への実用化には大幅な改良が必要だったんだね。そんななか，2006年にニューラルネットを研究していたジェフリー・ヒントンの研究グループが，大幅な改良を重ねて，新しい手法を生み出した[7]。これがいわゆる深層学習，ディープラーニングと呼ばれるもので，大きなブレイクスルーになったんだ。

学生：大幅な改良？　またややこしそうですね…

先輩：いやいや，きわめてシンプルな発想だよ。ヒントン達が行ったのはニューラルネットの中間層の多層化だ。単純に中間層を厚くしていくことで，学習過程はより厳密なものになり，予測精度も大幅に向上することになったんだね。

学生：なるほど。

先輩：それ以外にも，同時期にオートエンコーダ（Auto Encoder）という新しいアイデアが生まれている[8]。オートエンコーダはニューラルネットの入力層に与えるデータとまったく同じデータを「入力値を復元する層」に与えるんだ（「Column　オートエンコーダ」，50ページ）。

学生：先輩，そろそろ僕の理解の限界です。それには何の意味があるのですか。

先輩：最強の層を作るためだよ。1つの層においてしっかりと情報を凝縮させるんだね。こうしたオートエンコーダの発想[9]は，ニューラルネットをディープラーニングに高めるきっかけとなったんだね。

学生：うーん，ニューラルネットのネットワークを丁寧に作り上げていく方法こそディープラーニングいうことですか？

先輩：そういうこと！

7　Hinton et al.［2006］等
8　Hinton & Salakhutdinov［2006］
9　オートエンコーダでは，中間層のニューロン数を入力層や出力層のニューロン数より少なくすることで，中間層に情報を凝縮します。

　筆者も，ディープラーニングが2006年に登場する直前の2002年から2003年ほどにかけて，ニューラルネットを使った株価予測に関する研究を行っていました[10]。当時の研究過程における個人的な感想を述べれば，ニューラルネットを現実のさまざまなソリューションに適用することはむずかしいのではないかということでした。ところがその後，ニューラルネットは現実使用に耐えうるディープラーニングに進化します。それが社会のAI活用を加速化させています。現在，ビジネスにおけるAIの活用用途は幅広く，画像，テキストデータ，音声等に対するAIの認識能力はすでに人間の能力をはるかに超えています。AIを駆使するロボットは産業用だけでなく，サービスロボット，あるいは事務用途としてRPA（Robotic Process Automation）がオフィスに導入されつつあります。

　ディープラーニングを使ってどのような演算が行われるのでしょうか。簡単なイメージを持つために，さきほどのオフィスの事例から見ていきましょう。

## 4　ディープラーニングの学習のイメージ

　本書が想定している新しい企業の製造スペースには1台の機械設備があります。また，この機械設備にのぞき窓があり，そこから製品の製造過程が確認できるというものでした。

　たとえば**図表2−8**が，のぞき窓から確認できる製品の製造過程とします。その製造過程に対してセンサから，一時点のスナップショットがたとえば図表2−8のように採取できると考えてください。ここではそのイメージを解説するために，ごく簡略化して，このスナップショットを8×8セルの白と黒で表します[11]（一般的には，白と黒のように0か1かというよりは，白と黒の間の濃度に応じて0から1の間の数をとりますが，ここではシンプルに白か黒かで表現している点に注意してください）。

---

**図表 2 - 8**　のぞき窓から見える製造過程のスナップショット

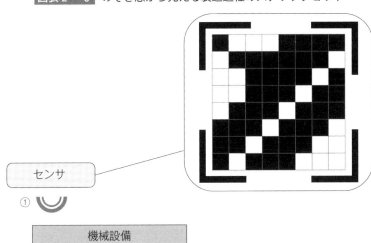

センサ

① 

機械設備

　こうした画像に対して，その形態に関する何らかの意味付け（たとえばこの状態は平常状態であるとか，この状態はアクチュエータを稼働させる必要があるとか）がディープラーニングを使って事前に学習されているとします[12]。

　**図表 2 - 9** を見てください。学習モデルによってこの画像の意味が解釈されるようにデータに対する工夫をします。まず，画像は $8 \times 8 = 64$ 個の正方形の集合体であるため，図表 2 - 9 のように正方形を切り分け，その上でつなぎあわせて，2 次元の情報を 1 次元の情報に転換するとします。これを 0 か 1 かの 64 個の入力値として入力層に入力します。

　そうすれば**図表 2 - 10**のように（平常の状態なのか，それともアクチュエータを稼働させる等現場に対する措置が必要な状態なのか）を判定して出力層からアウトプットを返してくれるイメージです。

---

12　ただし，工場での製造工程においては異常事態が起こる確率が低いため，異常事態のサンプルが十分とれずに，ネットワークが異常事態を学習できない場合もあります。

**図表 2 − 9** 入力層への入力準備

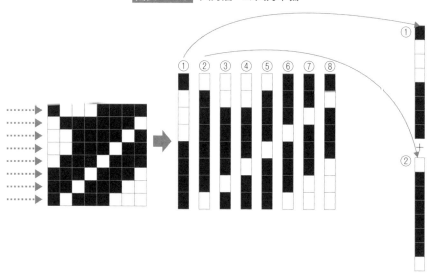

**図表 2 −10** ニューラルネットのイメージ

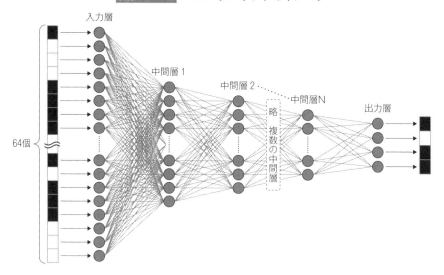

　では，このネットワークはディープラーニングでどのように構築されたもの
でしょうか。**図表 2 −11**を見てください。

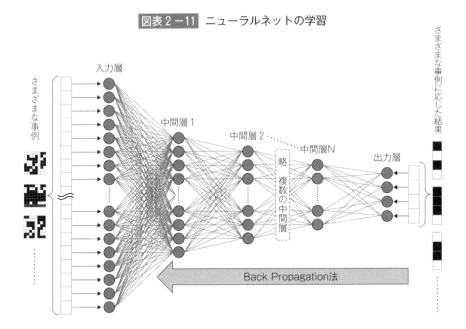

**図表 2 −11** ニューラルネットの学習

その基本的な方法はニューラルネット（Neural Network）とほぼ同様です（ただし，ディープラーニングの特徴は前述の「学生と先輩との会話」のように学習を深めるためにさまざまな工夫が施されています）。従来から考えられてきたニューラルネットは，ニューロンを各層に配置していきながらネットワークを構築し，そして「さまざまな事例とその結果（教師信号）」をなるべく多くネットワークに学習させます。たとえば図表 2 −11のように，Back Propagation法を使って，入力値と出力値を対応させるように学習を行わせます。必要に応じてニューロン数，層の数等を調整しながら，ネットワーク上に学習結果が蓄積されます。具体的には，ニューロンのバイアス，ニューロン間の結合重みがネットワークの情報として残されることになります。

 投資家を意識してみよう―テクノロジーの潮流を見極めよう―

　ディープラーニングを使って演算を行う場合，膨大な演算処理に耐えうるマシンパワーが必要とされます。ただし2000年代にGPU（Graphics Processing Unit）の性能が向上したことが一助となりました。当初は企業ごとに行わ

れるオンプレミス型の開発が中心でしたが，2010年代になるとクラウドの利便
性や精度が着目され，このような学習モデルの活用についてもクラウドを利用
する方向に移行しています[13]。そこで，GPUについても巨大プラットフォー
マーが開発するGPUに世の中の関心が移行しています。投資家の関心の潮流
を見極めることが必要でしょう。

# ┌ Column─オートエンコーダ ┐

オートエンコーダ（Hinton & Salakhutdinov［2006］）の概念が生まれ
たことは，ニューラルネットがディープラーニングへ進化するための大き
な転換点となりました。**図表2−12**を見てください。たとえば中間層1を
構築する際に，ニューラルネットの入力層に与えるデータが復元できるよ
うに「入力値を復元する層」にも同じデータを与えます。入力層と画像の
特徴量が圧縮されることで，精度の高い中間層1を構築することができま
す。
　ところで，オートエンコーダを応用して，層を積み重ねながらネット
ワークを作る方法についても考えてみましょう。最初に「入力値を復元す
る層」について切り離してみます（**図表2−13**）。そして，次に中間層1
を入力層とします（**図表2−14**）。学習が終えて精度の高い中間層2が完

**図表2−12** オートエンコーダその1

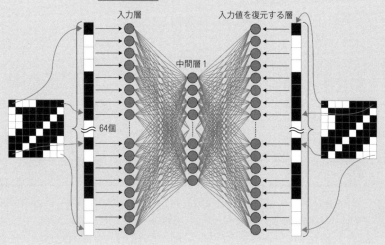

図表2−13 オートエンコーダその2

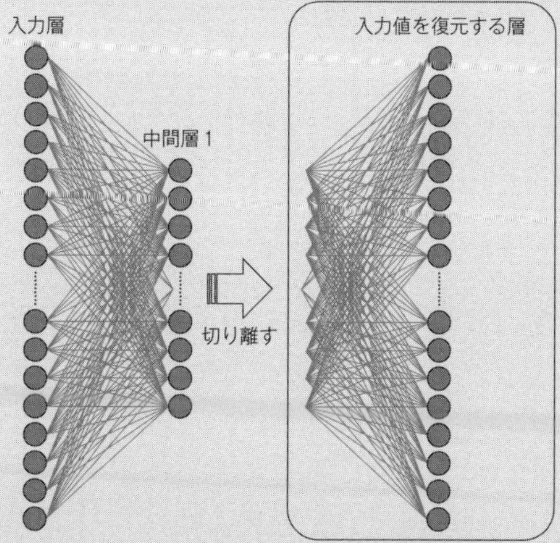

入力層

中間層1

切り離す

入力値を復元する層

成したら「入力値を復元する層」切り離して，中間層2をネットワークに積み重ねます（**図表2−15**）。この手順を繰り返しながらネットワークを完成させていきます。このような情報の詰まったネットワークを使えば，現場のデータからより正確な情報を引き出すことが可能となるでしょう。

　ただし，この種の方法では丁寧すぎて時間がかかりすぎますし，かりにネットワークができたとしても1つひとつの層が濃密な情報を持ちすぎてしまい，ネットワーク全体のバランスが図れないおそれもあります。

　現在ではさまざまな発展的なモデルが登場してくるなか，オートエンコーダはたとえばVAE（Variational Autoencoder）へと応用されています。VAEとは，確率分布を用いながら，学習サンプルと同じようなデータを生成する「生成モデル」であり，代表的なものとしてはGoodfellow et al.［2014］のGAN（Generative Adversarial Networks）がよく知られています。

---

13　クラウドでディープラーニングを使用する方法としては松浦他［2019］等を参考にしてください。

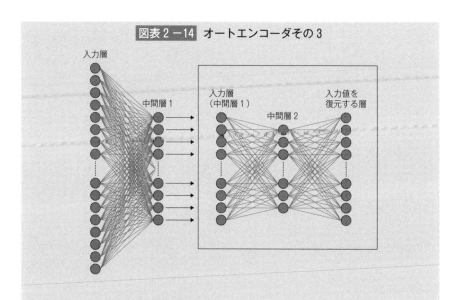

**図表2−14** オートエンコーダその3

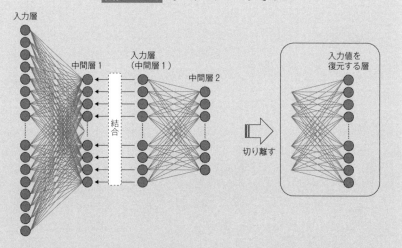

**図表2−15** オートエンコーダその4

　いずれにせよ，オートエンコーダを出発点として，これまでのニューラルネットに対象の特徴量を深く識別しようとする姿勢が備わり，精度の高いディープラーニングへと進展しました。（現在主流とはいえないものの）オートエンコーダのイメージから，ディープラーニングの本質について考えてみてください。

## Column—CNN

　ディープラーニングの発展は目覚ましく，現在ではより最適な学習方法が日々開発されています。なかでも，画像認識において最も注目されているのがCNN（Convolutional Neural Network）です。CNNの発想自体は古くからありますが，近年では画像認識において高い精度を発揮しており（Krizhevsky et al.［2012］等），ディープラーニングの代名詞といってよいくらいの注目を集めています。

　CNNはどのように学習を行っていくのでしょうか。

　通常のディープラーニングにおける学習では，入力層に与えられた学習対象の情報を直接利用してネットワークを構築していくことになります（たとえば図表2－8から図表2－9を見てください）。ただし，CNNでは「畳み込み」とよばれる作業を行いながら，学習対象の特徴をさらに明確に引き出そうとしていきます。

　具体的には，CNNはネットワークの中に「畳み込み層」と「プーリング層」という特徴のある層を持ちます。「畳み込み層」は，学習対象の特徴をより強く引き出そうとする層と考えてください。「プーリング層」は畳み込み層から得られた情報を縮小することによって，学習対象の情報をさらに際立たせていきます。CNNのネットワークでは「畳み込み層」の次に「プーリング層」を順番に組み合わせていくことで，学習対象の特徴を引き出すよう工夫されているのです。

　高度な画像認識の技術は，これからのビジネスのさまざまな側面において活用されていくことは間違いありません（第3講57ページ）。

### 考えてみよう　AIのビジネスへの応用と死角

　本講ではIoTのイメージ，ならびに現場から得たデータを分析するためのAIのイメージについて見てきました。

　ところでAIに「死角」はないのでしょうか。実はAIをビジネスに活用するにはさまざまな問題があると考えられます[14]。

---

14　たとえば拙著・足立［2021］等

54

たとえば，図表2－7ののぞき窓にかえって考えてみましょう。たまたま，1匹の黒い虫がのぞき窓の上に飛んできたとします。そして，さきほどの区切られた白いセルの上に虫がとまったイメージです。その場合，人間にとっては「これは単に虫が飛んできてとまっただけ」と解釈して，虫がとまっている部分は無視して考えます。ところがこのような何気ないことでも，AIは深刻にとらえてしまいます。　一般的にこのような問題は，ディープラーニングの過学習（Over Learning）の問題として指摘されています。本来ならば捨象してよい事象を一生懸命に学習してネットワークを構築してしまうのです。たまたま飛んできた黒い虫のために，その後まったく役に立たないソリューションが講じられる可能性もあると考えてください[15]。

AIはまだまだ発展過程であり，過信することはできません。AIの特徴をきちんととらえたビジネスへの活用が望まれています。

**第2講　確認のための課題**

AIのイメージを整理し，これまでにビジネスに使われていない領域にAIを活用することについて考えてみましょう（実現可能性を度外視してもよいので，アイデアを重視して考えてみてください）。クラスであればお互いのアイデアを聞いてみてください。

[15] 過学習を避ける手段としては，たとえば学習モデルの過学習が認識されると速やかに学習を打ち切る方法もあります。また，ニューロンをランダムに消去するDropout（Srivastava et al.［2014］）等も解決策の1つです。

第 **3** 講

# 販売促進戦略と物流

データの活用と環境への配慮

　A君はAIについてしきりに感心しています。生産現場以外にも，たとえば製品の販売促進に活かせないか考えているようです。

■　■　■

学生：AIは，マーケティングや販売促進戦略にも活用できそうですね。

先輩：そうだね。さっきは生産現場を例にAIについて見てきたけど，他にも活用できる分野はたくさんあると思うよ。

学生：でも，ディープラーニングの学習には大量のデータが必要ですよね？　生産現場では，センサデバイスからあがってくるデータを活用できるでしょうが，その他の現場で十分なデータを用意できるとは限らないですよね。

先輩：消費者に対する販売促進戦略を考えるときは，それほど心配はないよ。SNSをはじめとした，ライフログから生じるさまざまなビッグデータが活用できるからね。

学生：たとえばSNSの投稿画像やテキストデータですよね。どのように活用するのですか。

先輩：まずはAIをいったん棚上げして，基本的なことから考えてみよう。たとえば，『ビールとおむつ』の話は有名なので聞いたことはあるんじゃないかな？

学生：聞いたことがあります！　スーパーマーケットで赤ちゃんのおむつ売り場にビールを並べるという小売店の戦略ですよね。おむつを買ってくるのを頼まれた父親がついついビールを買ってしまう，という話ですね。よく考えられた戦略ですよね。

先輩：そうした相乗効果を生む戦略について考えてみよう。

学生：いわゆるアソシエーション（association）戦略ですね。

先輩：よく知ってるね！

学生：へへへ。マーケティングに少し興味があって，いろいろ調べたことがあるんです。

先輩：それなら話が早い。では，さっそく問題です。A君が販売しようとしている製品は，何と一緒に販売したらよいでしょうか？

学生：えぇぇ～っ！　少し調子にのったからってそんな無茶な！　まだ売る製品を決めてないんですよ（笑）。さすがにそれだけは決めておきましょうよ。

先輩：じゃあ，さっきA君が作るのが趣味だ，といっていた『ハンバーガー』を製品に例えてみよう。

学生：（笑）。おそらく作る製品はハンバーガーではありませんけど…

先輩：大丈夫。何を一緒に販売すればよいのか，といったアソシエーション戦略を考えるためだからね。では，あらためて問題です。かりにこれから販売する

製品がハンバーガーであり，街で売られて若い人たちが買っていくものだとしていきましょう。『どんな飲み物と一緒に売ったらハンバーガーの売り上げが伸びるでしょうか？』。まずどのように調査しようか？

学生：うーん。ハンバーガーがおしゃれで若い子に受けそうであれば，おそらく買った子は写真に撮って，SNSにアップするでしょうね。まず，そのハンバーガーの写った写真をインターネット上で画像検索します。それから，ハンバーガーとともに，何のジュースが写っているかを再度調査します。

先輩：なかなか鋭い。正解です。画像検索は大手検索サイトでも可能だけど，いったん自分で１から学習モデルを構築することを考えて，その背景にある技術を想像してみよう。たとえばディープラーニングのなかでも画像認識の得意なCNN（Convolutional Neural Network：53ページColumn参照）は，角度や写り具合で違っていてもより正確に特定の商品や製品を判別できるように進化しているんだ。ネットでハンバーガーの載っている写真をピックアップできたら，一緒に写っているジュースが何かを再度探るといった具合だろうね。これもジュースの特徴を学習させて行うといったところかな。

学生：そのジュースを買う人にハンバーガーのクーポンを配ると効果的かもしれませんね！

先輩：なかなかいいね！

学生：なるほど。なんとなく見えてきた気がします。これをAIにどんどんやらせれば，販売促進戦略を考えるスタッフはもう必要なくなりますね！

先輩：そうとは限らないよ。どんなにAIが発展しても，人のやるべきことは残る。たとえばここでは，ハンバーガーとジュースの間に他の要因を想定していないことに注意してね。一緒に買われているようにみえて，実は別の第３の商品が介在しているのかもしれない。人間なら常識としてすぐにわかることであっても，AIは間違ったことに気づかずに，販売促進戦略を提唱するかもしれない。

学生：やはり最終的には人間の感覚に基づく判断が必要ですね。

先輩：それに，AIをあえて使わなくても販売促進戦略は可能だからね。AIがここまで発達する前からさまざまなデータ活用と販売促進戦略が行われてきた。従来の方法についても簡単に見ておこう。

■　　■　　■

　企業の製品が，絶対的に唯一無二であれば，あえて販売促進戦略を講じる必要はないはずです。ただし，ほとんどの製品は残念ながらそうではありません。

世の中の潜在的な需要を掘り起こして自社の製品の売り上げにつなげる戦略が一般的に必要です。そうした販売促進戦略をスタッフのセンスに頼ることもあり得ますが，生身の人間のやることには誤解や偏りが生じます。そこで「データから消費者の潜在的な需要を読み取り，売り上げに結び付けていく」といったデータを活用した販売促進戦略[1]について簡単に見ていきましょう。また，現代では，「学生と先輩との会話」でもあったように販売促進戦略にもディープラーニングの画像認識技術やテキスト解析技術が活用されていくなか，それに用いられるデータも（表形式に整理された）構造化データ（Structured Data）から非構造化データ（Unstructured Data）へと変わりつつあります。ビジネスを遂行するうえで「データとどのように向かい合ったらよいか」についても一緒に考えていきましょう。

## 1　販売促進戦略とデータ活用

　企業が生産する製品がかりに消費者向けのものであるなら，製品は実店舗やEC店舗でほかの製品と並べられて売られていくことになります。製品が「売れる」商品になるためには，自社のブランドを確立したり，販売方法を工夫したりといった差異化として，十分なマーケティングを行う必要があります。

　マーケティングの最も基本的な手法としては，STP，すなわちセグメンテーション（segmentation），ターゲティング（targeting），ポジショニング（positioning）が挙げられます[2]。STPのいずれも重要ですが，最初に市場の細分化が不完全であれば，それ以降のすべての手続きが立ち回らなくなりますので，しっかりとしたセグメンテーションが必要でしょう。たとえばセグメンテーションの1つに，「似た者同士」をクラスター（cluster）としてまとめるクラスタリング（clustering）があります。その古典的な方法としては，たとえばk-means法（MacQueen［1967］）等があります。

---

1　データを活用したマーケティングの実際についてはIlya［2018］，小川［2018］を推薦します。
2　STPを含めてマーケティング全般の基礎知識についてコトラー，ケラー［2014］を一読することを薦めます。

　ただし実際には製品を販売しつつ，販売データを検証しながら，販売促進戦略を講じていく場合もあります。その場合，どのようなデータを分析したらよいでしょうか。かりに製品が消費者向けであれば，（実店舗では商品のバーコードを店舗レジで読み取ることで集積される）POS（Point of Sale）データの活用が考えられます。POSデータは商品購入時間，商品購入店舗，レシート番号，JANコード，商品の分類，価格等のさまざまな項目を持つ構造化データとなっています。そこで，このような有用な情報のつまったPOSデータは，多次元のデータベースとしたうえで分析に用いられます。

　**図表3－1**を見てください。図表3－1左図は3次元のキューブとしていますが，実際にPOSデータは多次元となります。こうしたPOSデータに対して必要に応じてデータを切り出しながら，多角的な分析が行われていきます。たとえば，図表3－1右図では店舗7において，日ごとに，商品ごとに何個売れたのかを切り出したイメージです。また，通常はPOSデータにはそれ以上の情報がありますので，必要に応じて詳細な分析も可能です。たとえば，店舗7で12月11日に販売された商品Cに関してのセルを取り出し，時刻ごとの販売数量等についてより精緻な分析を行うことも可能です。

**図表3－1** POSデータ分析のイメージ

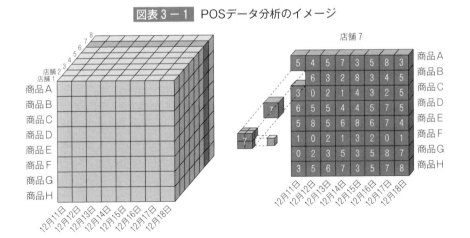

図表3-2 ID-POSデータ分析のイメージ

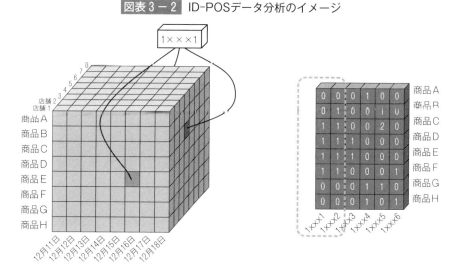

　さらに，POSデータに対して，顧客にポイントカード等を付与して顧客識別（ID）を紐づけるID-POSデータ分析も盛んです。**図表3-2**を見てください。ID-POSデータ分析の方法は多様ですが，どのような顧客が，どの商品とどの商品を併せて購入したか等を分析することができます。

　たとえば図表3-2の右図において，顧客1xxx1と顧客1xxx2に注目して見てください。とくに，他の顧客の購買行動とも比較してみると，顧客1xxx1と顧客1xxx2の購買行動は，かなり似通っていることがわかります。ただし，顧客1xxx1と顧客1xxx2の購買行動の違いをきちんと見れば，顧客1xxx1は商品Bを購入していません。理由はさまざまと考えられますが，顧客1xxx1は（ひょっとしたら商品Bを買い忘れているかもしれませんので）「商品Bを薦めてみましょう」という販売促進戦略が考えられます。

　さらに，「ある人が商品Aを購入するのならば（同じく商品Aを購入した人が商品Bも購入したように）商品Bも購入するのではないか」と推論する方法として協調フィルタリング（Collaborative Filtering：CF）が挙げられます。このような協調フィルタリング等を使えば，たとえばEC店舗において，お薦めの商品が提示されるといったレコメンデーションが行われることになります。

投資家を意識してみよう―企業価値とデータ―

　POSデータやID-POSデータのような構造化データに関する分析結果は明瞭であり，それに基づく販売促進戦略の構築にも社内，あるいは社外のさまざまな利害関係者のコンセンサスが得られやすいことは確かです。ただし，構造化データについては表形式として採用されていなかった部分に，何か重要な情報が存在していて，それを見落としていないか，という危惧もあります。

　そのような意味で，構造化データに替わって注目を浴びるようになったのが，SNSにおけるテキストデータや画像等の非構造化データです。また，近年のディープラーニングやその演算の後押しとなるGPUの発展とともに非構造化データを分析に活用する道が広がりました。ただし，このような非構造化データを「そのまま」販売促進戦略に活用できるのでしょうか。

　「データドリブン型販売促進戦略」という姿勢を極端に貫くのであれば，データは絶対的な存在であり，そこには人間がデータを選別したり加工したりする選択肢はありません。ただしデータをそのまま活用するのではなく，適切でないデータを分析の前に取り除く「前処理」が非構造化データの分析では多用されています。

　前処理の方法はさまざまですが，生データを一定の規則で（たとえば時系列として）並べ，視覚的に確認してみることも1つの方法です。また，時系列であれば移動平均をとりながら「何が異常なデータなのか」を見極めていくことになります。今後は，このような前処理のプロセス自体もオートメーション化していくでしょう。

　結局のところ，データに基づく戦略が企業価値を決めるのであれば，データに関する的確な前処理こそ企業価値を決めるのではないでしょうか。そのような意味も含めて投資家は，企業がどのようにデータのクオリティを確保するかを見極めようとするでしょう。

## 2　Webを使った販売促進戦略

　製品をより多く販売するための広告に関する仕組み作りは，消費者向けであるか，企業向けであるかによって異なるものです。

　消費者向けの製品の場合，従来はテレビや新聞といった既存メディアを使っ

62

た広告や宣伝が主体でしたが，現在はいうまでもなくSNSやWebを使ったものに移行しています。SNSのコンテンツ間に表示されるインフィード広告（In-feed advertising）はもちろん，Web上に貼った広告をクリックした潜在的な顧客を対象に再度広告を表示するリタゲ広告（retargeting advertisement：リターゲティング広告），あるいは検索結果の上位に自社のホームページが表示されるSEO（Search Engine Optimization：検索エンジン最適化）等，その内容はさまざまです。

　製品が企業向けの場合はどうでしょうか。これまで新規顧客開拓のために伝統的に行われてきた展示会やセミナーが2020年の新型コロナウイルスによる感染拡大によって，いっきに仕切り直しとなったことは確かです。今さらながらあらためてWebを有効活用する姿勢が求められています。

　たとえば自社のホームページを使った戦略について見ていきましょう。とくに製品に興味をもってくれそうな潜在的な顧客は，事前に製品に関する情報収集をWeb上で行うものであり，最終的な売り上げにつながるようなホームページの充実が求められます。そのような意味でも，製品の仕様についてオンライン上で説明するクオリティがあらためて問われています。製品の仕様書であろうが，解説動画であろうが，いかに製品の魅力を伝えるかを見直し，改善していくことが求められます。さらに，ホームページを訪れた潜在的な顧客を資料請求，そして最終的な購入に誘導していくための工夫がますます必要とされているのです。

## Column—リファラの活用

　潜在的な顧客が何を求めているのかを解明するためにReynolds & Gutman（1988）等で提示されたラダリング（Laddering）等の手法がこれまで活用されてきました。今後も顧客の潜在的なニーズをとらえるために，たとえば製品を紹介しているホームページに対してアクセスログ解析の重要性がさらに高まることが考えられます。たとえばリファラ（referrer：直前に訪れたページ）が検索エンジンであった場合，どのようなワードで検索していたのか，すなわち「この製品に対して何を求めていたか」を分析することの重要性はいうまでもありません。

■　■　■

学生：だんだんイメージがわいてきました！　さまざまな販売促進戦略が功を奏し，会社の製品に，国内の企業から問い合わせがきたということにしましょう。

先輩：なかなかＡ君の想像にも調子が出てきたじゃないか（笑）！　うれしいことに販売促進戦略がうまくいったら，『この商品に興味を持っています』といった問い合わせがくるだろうね。そうしたら製品のカタログを送付したり，製品の品質を知らせるためにサンプルを送ったりして，相手によりわかりやすい情報を伝えていくことになるね。営業担当者はいかにこの機会を商機につなげるか，考えなくてはいけない。

学生：相手は見積もりも依頼してくるでしょうね。

先輩：単に見積もりを作成して相手に送っても，相手は最初に提示した金額ですぐに契約してくれないことも多いんじゃないかな。相手は1円でも安く仕入れたいわけだし。

学生：契約成立までは骨が折れそうですね。それでは苦労の結果，契約が成立したとします。次は何をしましょう？

先輩：安全に，安心に製品が届けられ，アフターサービスも万全にしてこそ，ビジネスは完成するものだよね。製品の受注から製品が顧客に届けられるまでの一連の業務のことをフルフィルメント（fulfillment）とよぶのだけど，保管，輸送，荷役といった物流（Physical Distribution）の確かな基盤も必要だ。

学生：たしかに。モノを作ることは考えてみましたが，モノを保管したり，運んだりすることまでは考えていませんでした。こちらも製造のときと同様に，アウトソーシングをできないのでしょうか。

先輩：そうだね。企業みずからが行う自社物流だけでなく，3PL（3rd party logistics）とよばれる業者にアウトソーシングをすることもできる。このほうが効率がよいことも確かだ。でも，最終的に3PLを使うかどうかは別として，物流において最適化を図るロジスティクス（logistics）の視点もビジネスでは重要なんだ。とりあえず自社物流について考えてみよう。

学生：自社物流ですか…。うーん，どこから考えていけばいいのか，まったくわかりません（笑）　ヒントをください！

先輩：まずは作った製品を保管すること，そして保管しているところから取り出すことから考えるのはどうかな？

学生：イメージできそうでいて，むずかしいですね。

先輩：日常生活でたとえると…そうだな，メルカリとかヤフオクなどでＡ君が出品した洋服に買い手がついて，相手に荷物を送る場合を考えてみよう。その場合，

最初にどうする？

学生：しまっておいた洋服をクローゼットから取り出してきます。

先輩：そうだね。例えるならば『製品を倉庫から取り出す』ということだね。保管場所から出して，荷物を梱包する。梱包には何を使う？

学生：普段なら，段ボールを使うことが多いです。

先輩：そうだね。ビジネスでも小さな規模なら同じ。でも製品の数が多くなれば効率のよい施設が必要となる。たとえば倉庫や物流センターのトラックバース（トラックの積み下ろしをする場所）でフォークリフトを見たことがあるかな？　フォークリフトを使う際は，何が一般的に使われている？

学生：パレット（Pallet）ですよね。

先輩：そうだね。パレットの上に製品を載せてフィルムで梱包を行うことが多い。パレットは規格化されているから，あとの輸送や配送にも便利だ。倉庫から持ち出して貨物を輸送するときはどうかな？

学生：うーん。大きなものであればコンテナ（Container）ですよね[3]。

先輩：そう，貨物を輸送するための容器としてはコンテナ（Container）がよく用いられる。コンテナも規格化されていて[4]，20フィート（25〜29m$^3$）や40フィート（55〜59m$^3$）のものが主流だね。国内では鉄道コンテナ輸送，コンテナトレーラー輸送等，どのような輸送においてもコンテナが使い勝手がいい。かりに製品を海外へ船舶で輸出する場合は，40フィートコンテナをコンテナ船で運ぶことになるね。

学生：この前，港湾に行ったのですが，港ではガントリークレーンを使ってコンテナを効率よく積んでいました。ところで，国内では製品の流通にどのような業者が関係してくるのですか。

先輩：旧来からの日本におけるイメージとして，製品は，

製造業者　→　卸売業者　→　小売業者

の順番に運ばれていき，最終的に相手の手元に届く。また，卸売業者は複数の場合も多く，

製造業者　→　卸売業者(1)　→　卸売業者(2)　→　小売業者

といった場合もあるね。

---

**3** コンテナはビジネスにおいて大きなイノベーションと考えられます。それに関してはレビンソン［2019］を一読することを薦めます。

**4** コンテナはその用途に応じて一般的なドライ・コンテナはもちろん，冷凍コンテナなどさまざまな種類があります。

学生：そもそもですが，卸売業者のお仕事にはどんな意味があるんですか？

先輩：第 2 次世界大戦後の高度経済成長に伴う大量生産・大量消費による大量出荷のなかで，メーカーにとって，出荷する大口貨物を小分けして，小売に納品してくれる卸売業者が欠かせなかったんだ。メーカーにとっては，数多くある小売業者といちいち取引をするのではなく，卸売業者に一括したほうが効率的だったんだよ。

学生：卸売業者が 1 次，2 次と分化したのも，かゆいところに手が届く工夫が必要だったから，ということですね。今もそのような状況なのですか。

先輩：変化の最中だね。小売業が物流センターを整備し，主導していく傾向も始まっている。

学生：物流センターを持つことが大きなビジネスチャンスになるのでしょうか。

先輩：そうともいえる。ただ，物流センターの設立は大きな投資になるからビジネスがかなり発展してからでないとなかなかできない。まずは，物流の基本である『保管すること』と『運ぶこと』[5]から見ていこう。

■　■　■

　これまでの設定を再度ふりかえれば，この会社はファブレスメーカーであり，ほとんどの製造過程はアウトソーシングをしているものの，重要なコンポーネントのみみずから製造している設定でした。ただし，すべての製造工程が完了すれば，最終製品を一時的に保管するために，オフィスの周辺に倉庫を用意しておく必要もあります。

　契約が成立して，倉庫に保管していた製品を出庫するところから考えていきましょう[6]。

## 3　倉庫の活用

　かりに製造業であれば，倉庫の活用は戦略上欠かせないものとなります。とくに生産体制が（注文を受けてから生産を行う）受注生産体制ではなく，見込み生産体制である場合，在庫計画と生産管理計画は両輪となります。在庫を削

---

5　その他，流通加工，包装，荷役等もあります。

6　物流について体系的にまとめたものとして，たとえば苦瀬（編）[2014]，齊藤他 [2020] 等を推薦します。

減すればキャッシュフローの増加につながる一方で，在庫を単に減らすだけでは注文が来た時に対応できません。そこで製造業として本末転倒にならないような在庫計画が必要となります。

　倉庫において，製品の置き場所を番地として管理し，保管し，契約が行われると速やかに出庫して台帳に記すという一連の流れは，企業規模にかかわらず共通です。企業規模が小さく，生産が少数の段階では，人間の目視等で在庫を確認し，台帳を作成する作業も手作業で間に合うかもしれません。ただし，企業の発展とともに，倉庫内での製品の潤滑な搬送体制が必要とされるでしょう。たとえば，まずはコンベアーが倉庫内に張り巡らされることが考えられます。また，荷役の効率化のためにフォークリフトが導入され，効率的な出庫作業を可能とするためのトラックバースが用意されるでしょう。

　そして，このような規模の倉庫が用意される頃には，企業でもすでに営業基幹システムと周辺のシステムも整備されていると考えられます。倉庫についても営業活動と結びつけて在庫管理がなされる必要があります。とくに倉庫については，自社で構築するオンプレミス型運用であれ，クラウドを活用するのであれ，WMS（Warehouse Management System，倉庫管理システム）を中心に管理されていくことになるでしょう。

　WMSは営業基幹システムと綿密に連携しており，製品の売り上げが計上されると，WMSに出荷指示が出されて，倉庫内（あるいは物流センター）での在庫引当が行われる仕組みです（**図表3－3**）。それと同時にWMSは，指定された製品に関してリストを作成して，倉庫内のスタッフに該当製品のピッキング（picking）を指示します（**図表3－4**）。ピッキングの方法は多様です。棚にデジタル表示で指示が出て，その製品をスタッフがピッキングする場合もあります。

　ピッキングされた製品は，WMSから出力された各種伝票とともにスタッフによって梱包されます（**図表3－5**）。そして伝票とともに梱包された製品が仕分けされ，コンベアー等で運ばれていくイメージです。最終的には，製品がパレットにフィルム梱包され，フォークリフトでトラックに積み込まれます。そして，送り先に向けてトラックバースから出荷されていくといったイメージです（**図表3－6**）。

図表3－3 倉庫とWMS　その1

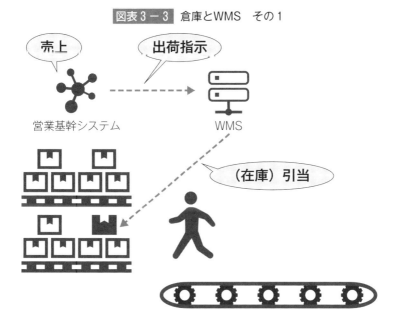

図表3－4 倉庫とWMS　その2

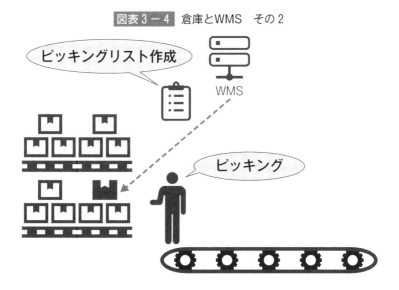

図表3－5 倉庫とWMS その3

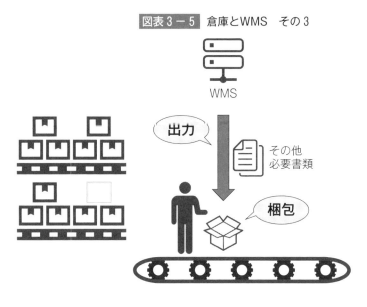

図表3－6 倉庫とWMS その4

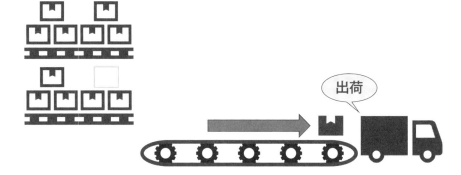

投資家を意識してみよう―物流センターとKGI―

　業種によっても異なりますが，ビジネスが進展すれば倉庫が進化し，物流中継の拠点，いわゆるデポ（depot）となる場合もあります。デポは小売業者への配送拠点としても機動的に活用されています。さらに，工場に隣接している出荷センターが大規模な物流センターに形を変えていくことも考えられます。物流センターは，加工業務を併設している場合もあり，保管や出荷に関してより機動的に対応する機能を持つ施設と考えてください。

　製造業をはじめとしてさまざまな業種において，物流の拡充はいうまでもなく企業価値の増大に直結します。ただし，物流センターには莫大な投資費用がかかります。投資家はその莫大な費用をふまえて，投資判断に活用するでしょう。すなわち，企業全体としてどのようにKGI（Key Goal Indicator）（19ページ）をたて，それが物流センター活用に結びつくかをふまえる必要があります。

 ビジネスをつなぐチェーン ⇔ IoT（第2講）へ

　倉庫内にも新しいテクノロジーが必要とされています。近年，RFID（Radio Frequency IDentification）タグのコストも低下し，倉庫内の在庫管理にも活用されています。ただし，第2講でも触れたように，それ以外の技術発展も目覚ましく，とくにディープラーニングの1つであるCNN（53ページ）の発展から，直接的な画像解析を行い，より効率的なオペレーションに代替される可能性もあります。たとえば人間の手の届かない場所ではドローンを使って写真を撮り，それに対して画像解析を行うイメージです。

　倉庫内でもIoTを駆使して，必要な機能を「継ぎ足し」ながら，作業を効率化していくことが望まれます。保管する製品の状態をセンサからも十分解析できるのであれば，センサデバイス等を倉庫内に多数設置して，製品あるいは梱包されたパレットから必要な情報を取り出し，人手を減らす方策も一考です。そこで必要となってくるのは，倉庫内の通信環境として消費電力のおさえられるLPWA（Low Power Wide Area）の整備や，センサデバイスへの電力確保でしょう（38ページ）。エナジーハーヴェスティング（38ページ）は工場だけでなく倉庫にも必要かもしれません。

★ 投資家を意識してみよう―倉庫内の設備投資―

生産年齢人口の減少に伴い，労働者不足が今後も深刻となることが予想されます。そのため基本的に荷役等が必要とされる倉庫については，省人化が検討されていく場所でもあります。また，製品管理に低温度が要求される倉庫等はスタッフの安全を確保する目的でさらに省人化が必要となることが考えられます。

スタッフの安全を第一に考えれば，AIを駆使した無人フォークリフト，CNNの画像認識技術を活用したロボットのみでピッキングを行うことも待ち望まれます。ここでは「倉庫を大幅にリプレースメントする」場合も考えてみましょう。現在，倉庫での荷役作業を効率化するため，マテハン機器（Material Handling Equipment）のオートメーション化も進展しており[7]，新しい倉庫の発展が期待されています。倉庫の開拓が積極的に利益を生むビジネスモデルとなるかもしれません。

また，企業が大型の設備投資を行う場合，新しい技術がどこまで陳腐化せずに長年にわたって継続使用できるか，そしてそのタイミングはいつなのか，を見極める必要があります。投資家の視点も同じです。倉庫の内部への投資が企業価値に直結する時代が来ています。

## 4 輸送に関する課題

「運ぶこと」（輸送）に関しても触れておきましょう。これまでも想定してきたようなファブレスメーカーが，業務の拡大とともに製品の輸送に自家物流を講じるものとして考えてみます。輸送手段としては国内の輸送に最も多く使われており，他の輸送手段に比べて低コストであるトラックをイメージしてみましょう。

トラックを複数台使用する場合には，トラックの稼働状況等を確認しながら，荷物や配送先の情報等を管理することで効率化を図ります。また，さらにビジ

---

[7] マテハン機器の展示施設に行くと，現代のマテハン機器の進化に驚くべきものが多々あります。たとえば筆者も2回ほど訪れましたが，マテハン機器大手ダイフクが設立した「日に新た館」（滋賀県蒲生郡）等を見学すると，マテハン機器が現在のテクノロジーをいかに巧みに取り入れているかがわかります。

ネスが発展してくればTMS（Transport Management System：輸送に関する
管理システム）を利用する可能性も高まります。TMSを活用することで，帰
り便をどのようにするかといった現実的な課題にも対応可能だからです。

　ただし，どのようにシステム化が図られても，輸送については現場のドライ
バーの「かんどころ」に支えらえている部分は否めません。企業組織が大きく
なるとそのような当たり前のことを見落としがちになります。どんなに企業が
大きくなっても現場のセンシティブな部分を素通りして，物流の最適化を近視
眼的に図ることは危険な行為となります。

　とくに近年，わが国において深刻なトラックドライバー不足から，輸送コス
トは上昇傾向にあり，そのために輸送業務がコスト削減の俎上にのることが考
えられます。ただし，ここでも自然災害をはじめ有事の際のリスク管理をより
強く意識する必要があるのではないでしょうか。われわれは不幸にもパンデ
ミックや震災を経験してきました。有事の事態を想像し，平常事態ではコスト
高でも，さまざまな場面に対応できるようなきちんとした輸送体制を自前で構
築していることにも大きな意義があります。

★　投資家を意識してみよう―環境への配慮と物流―

　　自家物流を行う際に，何よりも重要なのが環境への配慮です。これまでも
モーダルシフト（modal shift：トラックから鉄道のような環境負荷の少ない
輸送手段に移行していくこと）が主張されてきたように，トラックからの排出
ガス等は環境問題に直結します。脱炭素化へ移行することはもちろんですが，
トラックならではの環境への配慮を講じることも企業の腕の見せ所ではないで
しょうか。たとえば，個々の製品に付与されるシリアルナンバー等を活用しな
がら，製品のトレーサビリティを確保して廃棄物回収を行うことで，環境を保
全していく工夫がますます求められていくでしょう。製品の製造や販売促進戦
略といった表舞台だけでなく，それを支えている物流こそ，真に持続可能な社
会に貢献できる立場にあることを忘れてはいけません。

## 考えて みよう デマンドチェーンマネジメント

　本講では，企業活動を販売促進戦略と物流の両面から見てきました。

　製造業を例にとってみれば，PSI（Production, Sales, Inventory），すなわ
ち生産，販売，在庫に関して最適化を図ることが必要とされていますが，これ
は機械的に解決を試みるものでは決してないはずです。製品への需要は，やは
り消費者の心理に左右されていることを再度認識すべきでしょう。

　たとえば消費者動向が川上の決定に大きな影響を与える理論として，ブル
ウィップ効果（Bullwhip Effect, Lee et al. [1997]）があります。消費者の購
買行動の変化等に機敏に対応する必要性をこの理論は示しています。消費者の
購買行動からPSIを最適化するためにデマンドチェーン（Demand Chain）を
重視し，適切なデマンドチェーンマネジメント（Demand Chain Manage-
ment：DCM）が求められています。

　さて，デマンドチェーンと対比されるのが，逆向きのサプライチェーン
（Supply Chain）です。また，サプライチェーンを認識し，その管理をしてい
くことをサプライチェーンマネジメント（Supply Chain Management：SCM）
といいます。ただし，東日本大震災のような有事の際にサプライチェーンも寸
断されたという事実をもう一度認識する必要があるのではないでしょうか。

　サプライチェーンはもちろん，デマンドチェーンも有事の際にこそその真価
が発揮されるべきです。企業は，有事の際の消費者の大きなマインドチェンジ
に十分な備えをするべきであり，それを見越した適切なデマンドチェーンマネ
ジメントが必要となってくるでしょう。

### 第 3 講　確認のための課題

- 世の中で販売されている商品を選び，その販売を促進するための戦略について自由に考えてみましょう。また，そこにデータがどのように関わるかも考えてみてください。
- 「なぜ物流が持続可能な社会を実現する立場と深く関わるか」を考えてください。（クラスであれば）話し合ってみましょう。

第**4**講

# 海 外 取 引

輸出企業の視点で貿易を眺めてみよう

　ファブレスメーカーの設立，生産体制，販売戦略，物流と順に考えてきたＡ君。海外とのやりとりについても考えはじめたようです。

■　■　■

先輩：国内の物流について見てきたけど，取引相手が国内だけとは限らないよね。海外からも問い合わせがくるかも。

学生：貿易（Trade）ですね。何かわくわくしますね。大学の経済学に関する講義で貿易収支（財の輸出入の差額）やサービス収支（サービスの輸出入の差額）について講義を聞いてきたばかりです[1]。でも，ビジネスでの貿易，とくに実務面のことはあまり想像がつかないです。

先輩：たしか，メーカーとして起業して，製品を輸出する，そういう設定だったね。現実のビジネスで，国外と取引する際，まず基本的に決めるのは，製品を『海上輸送にするか』あるいは『航空輸送にするか』だろうね。ただし，アメリカ大陸の内陸部に輸出するとなれば，海上輸送の後にさらに鉄道で輸送する（あるいは航空輸送にする）といった複合輸送もあるよ。

学生：まだ何の製品にするかは決めていませんけど（笑），かりに作る製品が精密機器だとしたら，海上輸送，航空輸送どちらでしょうか？　精密機器であれば，航空輸送ですよね？

先輩：いつもそうとは限らないけど，高価な製品で十分元がとれるとか，在庫を減らすメリットがあるといった場合は，Ａ君のいうとおり航空輸送だね。ちなみに航空輸送に関しては，航空会社の受付となっている航空貨物代理店が窓口になるよ。

学生：海上輸送はどんな感じですか？

先輩：海上輸送は太古から発展してきたこともあって，用途に応じたさまざまな船舶があるけど，在来船（Conventional Vessel）とコンテナ船（Container Vessel）の大きく２つに分けることができる。それ以外にも，自動車がそのまま自走で乗り込めるカーフェリーや，トレーラー等の車両をそのまま自走させて積み込むRORO船（roll-on/roll-off ship）とか，荷役が必要のない船舶もあるよ。貨物を運ぶために規格化されたコンテナ（64ページ）はやはり便利で，コンテナ船が活躍しているね。

学生：今回は海上輸送で考えてみます。まずは船舶を予約することからスタートで

---

1　貿易についての経済的意義については小峰・村田［2012］を推薦します。また，貿易実務についてはたとえば日本貿易実務検定協会［2020a］［2020b］，後藤・軽森・粥川［2017］，木村［2014］，山田［2012］等を推薦します。

すよね。その後はどうしたらいいんですか？

先輩：海上輸送，航空輸送のどちらにするにせよ，海外への輸出入には，煩雑な実務が必要になる。書類が大量に行き交うことになるね。

学生：貿易実務に関する書類ですか。聞いただけでも大変そうだな…。普段の生活で触れることもありませんし。

先輩：そうでもないよ。近年では個人の輸出入が増加しているし，国際宅配便（クーリエ：Courier）等を単発的に使う場合もあるんじゃないかな。

学生：でも，企業で輸出入を日常的に行う場合はやっぱりちょっと違うんじゃないですか？

先輩：契約はみずから行うにしても，実務面ではそれに深く精通しているフォワーダー（forwarder：貨物利用運送事業者）に任せれば間違いない。

学生：フォワーダー？

先輩：フォワーダーは輸出入者と，船舶会社や航空会社といった実運送業者の間に立ってさまざまな業務を行ってくれる事業者のことだよ。輸出入のための船舶の予約もフォワーダー経由で行うことができる。
　　　たとえば船舶を使った海上輸送では，海貨業務と通関業務が必要になるんだ。海貨業務は船舶に製品を積み込んで相手国へ向けて輸送するためのさまざまな手続きのことで，通関業務とは税関に申告し，輸出許可を得る手続きのことだよ。それぞれの業務を引き受ける海貨業者と通関業者がいるんだ。

学生：えーと……海貨業者？　通関業者？　それがフォワーダーと何の関係があるのですか？

先輩：フォワーダーは一般的にその両方を兼ねてくれる[2]。

学生：なんだ，ややこしく話さないでくださいよ。最初からそういってくれればよかったのに。1つのフォワーダーに海貨業務も通関業務も任せる[3]ということですね。

先輩：ごめん，ごめん。そもそもは海貨業者と通関業者は別々の業者だった，とい

2　フォワーダーの実際の分類は多種多様です。そもそも出発点の違いから海貨業務に特化するフォワーダーをフォワーダー（海貨業者），通関業務に特化するフォワーダーをフォワーダー（通関業者）と表記することも便宜上考えられます。

3　その他，フォワーダーの一例としてNVOCC（Non Vessel Operating Common Carrier：非船舶運航業者）があります。NVOCCは，小口貨物を集め，船積み港でコンテナにまとめます。それは，小口貨物をそれぞれ発送するよりコンテナでまとめて発送するほうがコスト節約となるからです。そして，荷揚げ港では再仕分けを行い，小口貨物それぞれの送り先に届けます。また，航空輸送に関してNVOCCと同様の業務を行うのが混載業者（Air freight forwarder：利用航空運送事業者）です。混載業者は出発空港で小口貨物をまとめ，到着空港で貨物を受け取り，仕分け等を行います。

うことを説明したかったんだ。

学生：どちらも煩雑な手続きになりそうですもんね。

先輩：そうだね。そもそも，輸出企業は，海外の取引先企業に対して正確に製品を届けなければビジネスにならないよね。

そこで，製品を入手できるような証券に換えて，証券を海外の取引先企業に渡すという方法がとられるんだ。つまり，海上輸送において製品は，最終的に船荷証券（Bill of Lading，B/L）という証券に置き換えられる。

学生：へー。船荷証券（B/L）は，海外の取引先企業にとって製品の引換券みたいなもの，という理解でよいですか？

先輩：単なる引換券とはちょっと違うんだ。証券だから流通性があり，譲渡することもできるんだよ。

■　■　■

　本書が想定しているファブレスメーカーにとって，海外からの注文が入れば契約を行い，製品の輸出を行うことになります。航空網が発達した現代においても，船舶を使った輸出が中心です。そこで本講では，船舶を使った輸出に絞って解説していきます。

　⚙ ビジネスをつなぐチェーン ⇔ IoT（第2講）へ

　　海上輸送と航空輸送を比べれば，海上輸送には古くからのイメージがあるかもしれません。ただし，現在，海上輸送においてもAIやIoT等のテクノロジーの波は押し寄せており，たとえば自動運航船の開発等も進められています。わが国においても2017年の「未来投資戦略2017」では自動運航船の実用化が挙げられ，2018年には国交省が実用化への指針を示しています。

# 1　船舶による輸出業務

　自社の製品に対して海外からの問い合わせがあったとします。契約に至るまでは相手との間で交渉が繰り返されることでしょう。さまざまな交渉のポイントが存在しますが，とくに着目すべきは「どのように製品を相手先に届けるか」という貿易条件です。輸出企業と輸入者（海外の取引先企業）との間で，運賃や保険に関する費用をどのように負担するか，どこで製品の受け渡しを行うか

といったような条件です。物流に関しては国ごとに特徴があり，貿易条件をそれぞれの慣習で話し合おうとすれば食い違いも生じます。そこで貿易条件については世界共通のフォーマットであるインコタームズ（Incoterms® rules）をもとに決めていくことが一般的です。インコタームズは，国際商業会議所（ICC, International Chamber of Commerce）が制定した世界共通の貿易条件であり，11の貿易条件を規定しています。一般的によく使われるのはFOB（Free on Board），CFR（Cost and Freight），あるいはCIF（Cost, Insurance and Freight）等ですが，どの条件を採用するかで輸出企業のコスト負担は違ってきますので，慎重な検討が必要です。

　貿易条件が決まれば，それに従って，実際に製品を送るという輸出業務が待っています。

　輸出業務の大まかなイメージとしては，製品を倉庫から搬出してコンテナヤード（80ページ）等に送り，通関業務，海貨業務を経て，製品を船荷証券（B/L）に換えるといったものです。そうした海貨業務と通関業務を自前で行おうとすればかなり煩雑な作業となりますので，業務に精通したフォワーダー（77ページ）に委ねることが実際的でしょう。

　**図表4－1**を見てください。フォワーダーに通関業務を依頼する場合，インボイス（Invoice，送り状）や包装明細書（Packing List）が必要です（①）。インボイスでは製品の明細を確認し，包装明細書では製品ごとの個数や重量を確認することができます。これらにあわせて輸出企業はフォワーダーに船積み依頼書（Shipping Instructions）も併せて提出することになります。インボイスや包装明細書は基本書類であり，製品が一般的なものでない場合には通関業務に支障をきたす場合もあるため，製品のパンフレットやサンプル等を準備しておく必要もあります。

　輸出企業がインボイス，包装明細書，そして船積み依頼書をフォワーダーに提出すると，フォワーダーは通関に関する業務を開始します。フォワーダーはインボイス，包装明細書を参照しながら，税関に対する輸出申告書（Export Declaration）を作成します。そして，フォワーダーが輸出申告書を税関に提出することで，税関の審査を受けることになります（②）。現在，税関に対する輸出申告は輸出入・港湾関連情報処理センターによって運営されるNACCS

80

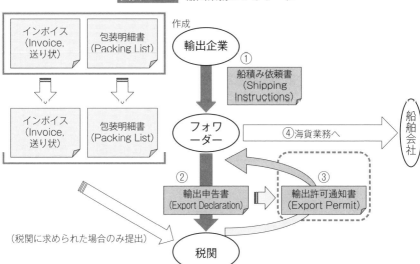

図表 4 － 1　輸出業務とフォワーダー

（Nippon Automated Cargo and Port Consolidated System）を通じて行われます。そして，フォワーダーからの輸出申告が行われる時点までに，製品は保税地域（bonded area）の前までに到達しておく必要があります。保税地域とは関税の徴収が留保されたまま製品を蔵置可能なエリアだと考えてください。保税地域はさまざまであり，コンテナで輸出する場合は，コンテナヤード（Container Yard），コンテナ以外の貨物として輸出する場合は上屋（うわや）とよばれる保税地域まで送ります。

　製品が保税地域に搬入されるとフォワーダーが輸出申告を行うことになります。そこで税関より輸出許可がおりると，税関から輸出許可通知書（Export Permit）が発行されます（③）[4]。これによって通関業務が終わり，安心して海貨業務に移行することになります（④）。

---

　旧来，輸出申告書に税関から認め印が押されて輸出許可通知書となっていました。

---

★　投資家を意識してみよう―製品の価値を守る―

---

　輸出企業が製造業であり，その製品が海外のある国で大いにヒットしたことを想定してください。その製品の構造が単純なものであれば，知的財産侵害物品，とくに偽造品がその国に入ってくるおそれもあります。輸出企業にとって偽造品は大敵であり，その存在によって製品の価値が大きく失われることになります。知的財産侵害物品をいかに水際で防ぐかについては，各国の税関に期待される部分がきわめて大きいものです。ただしそれにも限界があります。

　そもそも製品の販売当初は国内消費を念頭においていることが多いので，このような偽造品対策はマーケットが海外に拡販した後に回る可能性も高いのですが，製品設計の段階から意識しておく必要があります。

　第 1 講や第 2 講でも触れたように，コア・コンポーネントのみは自社で製造する，そしてそれについては偽造できないような工夫を施すといった製品の価値を守るための対策は，投資家にとっても安心の材料ではないでしょうか。

　フォワーダーの海貨業務については詳細を省略しますが，一般的には，フォワーダーが船舶会社と各種のやりとりを行い，製品を船舶に積み込むことになります。その作業が終わると，最終的に製品は船荷証券（B/L）となります。そして，船荷証券（B/L）が船舶会社からフォワーダーに発行され，この船荷証券（B/L）をフォワーダーが輸出企業に渡すことにより，フォワーダーの任務は完了することになります。その際，輸出企業は輸入者（海外の取引先企業）に対して速やかに船積み通知（Shipping Advise）を行います。

　ちなみにこの時点においては，輸出企業の手元にはフォワーダーから渡された船荷証券（B/L）がありますが，それ以外にインボイスや包装明細書もあります。こうした船荷証券（B/L），インボイス，包装明細書が船積み書類（shipping documents）です（**図表 4 － 2**）。さらに船積み書類には，貿易条件によって保険証券等も含まれる場合があります。

　その後は，この船積み書類を輸入者（海外の取引先企業）に渡す作業が待っています。

82

図表 4 - 2 輸出企業と書類

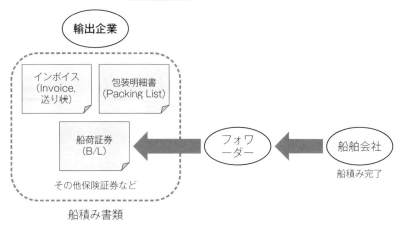

船積み書類

## 「Column—サレンダーB/LとL/G」

　輸出企業にとって輸出の手続きだけでなく，輸出後にも配慮が必要となる場合があります。たとえば，輸入者（海外の取引先企業）が製品を受け取る段階になっても，まだ船荷証券（B/L）を入手できていない場合も多いものです。そのような場合にはどのように対処するのでしょうか。

　そのような事態があらかじめ予想されている場合には，船舶予約前に，あるいは船舶予約段階で輸入者（海外の取引先企業）と協議したうえで，サレンダーB/L（Surrendered Bill of Lading）が一般的に行われてきました。サレンダーB/Lは船荷証券（B/L）の種類ではなく，あくまでも「手続き」であることに注意してください。サレンダーB/Lは，いったん輸出企業側で受け取った船荷証券（B/L）をそのまま船舶会社に返却し，船舶会社はSurrendered（回収された）という回収印を船荷証券（B/L）に押します。そしてその写しを輸出企業に返却することによって輸入者（海外の取引先企業）が船積み書類を必要とせずに，製品の到着と同時に製品を受け取ることが可能となるという仕組みです。また，サレンダーB/Lを想定していなかった場合は，輸入者（海外の取引先企業）が保証状（L/G）（Letter of Guarantee）を作成して，船荷証券（B/L）なしで貨物を引き取ることが行われます。ただし，輸入者（海外の取引先企業）が作成する

保証状（L/G）は一般的にSingle L/Gとよばれるものであり，企業の信用
度によっては受け付けてもらえない場合もあります。その場合はやはり銀
行の後ろ盾が必要となります。そこで，輸入者（海外の取引先企業）が銀
行に対して保証状（L/G）を発行し，銀行からBank L/G を船舶会社に提
出してもらうことで貨物を引き受けるという具合です。

---

 ビジネスをつなぐチェーン ⇔ ブロックチェーン（第5講）へ

---

　こうした作業をもう少し手軽に行うこと，たとえば船荷証券（B/L）を電子
化することはできないでしょうか。以前より船荷証券（B/L）の電子化は，公
開鍵暗号方式（101ページ）を利用してヨーロッパで取り組まれた経緯はあっ
たものの，あまりにも壮大な構想であり，標準化には至りませんでした。ただ
し，2017年にイスラエルのベンチャー企業Waveがブロックチェーンを使った
船荷証券（B/L）の電子化を発表しています。

　また，船舶会社からのアプローチとしては，2018年8月に海運業大手のA. P.
モラー・マースクがIBMと提携し，ブロックチェーンを使ったTradeLensを
発表しました。2018年12月より商用化されるとともに，マースクを利用する企
業も多いため，参加を表明する企業も増えています。

　こうした取り組みが実現すればおそらく貿易実務を大幅に変えるものであり，
フォワーダーは文字どおりデジタルフォワーダーへと変化していくでしょう。
ただし，そもそもフォワーダーの仕事はかゆい所に手が届くものです。しかも
フォワーダーはさまざまな付加サービスを行っています。たとえば資金回収
サービスを付加するフォワーダーもあります。それらをデジタルフォワーダー
がどこまで実現できるかを見守る必要があります。

■　■　■

先輩：これまでの流れをもう一度確認しておこうか。これまでの話で通関業務と海
　　　貨業務が終わり，フォワーダーを通じて船荷証券（B/L）が手渡されました。
　　　現時点でA君の手元には何が残っているかな？
学生：船荷証券（B/L），インボイス，包装明細書などの船積み書類ですね。あと貿
　　　易条件によっては保険証券も，ですかね。
先輩：そうだね。よくできました。
学生：すぐにこれらの船積み書類を相手企業に送らなければなりませんね。
先輩：ちょっと待って。そんな大事な書類を，気軽に相手に渡してもいいと思う？
学生：えー？　言っていることがよくわかりません（笑）。相手に渡すために製品を

船荷証券（B/L）に変えたはずでしょう。

先輩：そうだね。ただし，船積み書類を相手企業に渡してよい段階は，すでに海外
　　　の取引先企業から送金が行われて支払いが済んでいる，あるいは代金の支払
　　　いが確約されている場合だよね。船荷証券（B/L）があればお金を払ってなく
　　　ても製品を手に入れることができてしまうからね。

学生：たしかに！　決済の話はまだでしたね。

先輩：海外の輸入者（海外の取引先企業）から確実に代金を支払ってもらう方法を
　　　考えなくちゃ。船積み書類を渡しても代金を支払ってもらえないことは昔か
　　　らあったんだよ。そのリスクを避けるために古くから，貿易金融（Trade Fi-
　　　nance）があるんだ。

■　■　■

　ビジネスにおいて取引が国外に発展した場合，さまざまな金融活動，すなわ
ち貿易金融（Trade Finance）が関わってきます。経済活動において貿易自体
も重要ですが，貿易から副次的に生み出されていく貿易金融は，「金融とは何
か」「銀行とは何か」を知るうえで大変重要です。

★　投資家を意識してみよう―持続可能な社会と金融―

　2008年のいわゆるリーマンショック（第1講30ページ）を思い出してくださ
い。リーマンショックはサブプライム・ビジネスという世の中全体を巻き込ん
だビジネスが引き金となりました。このビジネスの出発点には民間銀行が家計
に対してサブプライム・ローンというリスク性の高い住宅ローンを提供するこ
とから始まりました。すなわち，家計の住宅へのニーズからローンが始まるの
ではなく，そもそもローンが人為的に作り出されたのです。このようなサブプ
ライム・ビジネスは，その結末からも明らかなように，社会の持続可能性を脅
かす存在になりました。

　金融は，純粋にビジネスから派生してくることが必要ではないでしょうか。
そして，そのような金融はビジネスを支える大きなインフラとなっています。
「貿易金融」はまさにその好例といえます。「貿易金融」の概要をふまえながら，
持続可能な社会を実現するビジネス，そしてそれを支える金融とはいったい何
かについて考えてみましょう。そして，この分野に投資を行う投資家は当然，
それを見極める眼力を持ち合わせているはずです。

## 2　信用状を利用する貿易金融(1)

　本書は輸出企業の視点で貿易を眺めています。いったん契約の段階に話を戻してみましょう。輸出企業にとって売上の増加につながる契約は喜ばしいことです。その一方で輸入者（海外の取引先企業）が対価をきちんと支払ってくれるか気がかりなところです。そもそも金額が少額であれば，輸入者（海外の取引先企業）が輸出企業に送金小切手（Demand Draft）を書留郵便で送ればよいはずです。また，さらに迅速かつ確実に電信送金（Telegraphic Transfer）を行う手もあります。

　このような送金を用いることでも，輸出企業は代金回収の不安から解放されます。一方，輸入者（海外の取引先企業）の立場としては，あらかじめ送金しても，本当に輸出企業がきちんと製品を送ってくれるか不安が残ります。

　そこで貿易を円滑に行うために，信用状（Letter of Credit, L/C）を利用する仕組みが活用されます。一般的に貿易金融で使う場合の信用状（L/C）とは，輸入企業の依頼によって，銀行が輸出企業に代金の支払いを約束することを証明するものです[5]。ちなみに信用状には世界的な統一基準が要求されます。1993年にICC（79ページ）を中心として，信用状統一規則UCP500が成立しました（その後，2007年にUCP600も成立しています）。

　**図表４－３**を見てください。点線が引かれ，左側にはA国が，右側にはB国があるとします。A国の輸出企業とB国の輸入者（海外の取引先企業）との間で，製品の販売における契約が成立したとします。

　この場合，銀行には３種類の銀行が存在していることに注意してください。用途に応じて開設銀行（Opening Bank），通知銀行（Advising Bank），買い取り銀行（Negotiating Bank）と分類されています（通知銀行と買い取り銀行は，同じ銀行であってもかまいません）。

　**図表４－４**を見てください。この貿易の取引時，あるいは取引直後にA国の

---

5　たとえば，貿易に関する決済に関係なく，銀行が信用供与を行うスタンドバイ信用状（Standby Credit）が挙げられます。

輸出企業がB国の輸入者（海外の取引先企業）に信用状（L/C）の発行を求めるとします（①）。

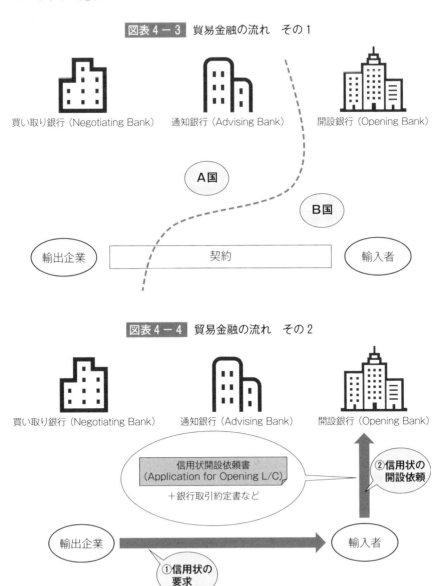

**図表4-3** 貿易金融の流れ　その1

買い取り銀行（Negotiating Bank）　　通知銀行（Advising Bank）　　開設銀行（Opening Bank）

A国

B国

輸出企業　　　　契約　　　　輸入者

**図表4-4** 貿易金融の流れ　その2

買い取り銀行（Negotiating Bank）　　通知銀行（Advising Bank）　　開設銀行（Opening Bank）

信用状開設依頼書
（Application for Opening L/C）
＋銀行取引約定書など

②信用状の
開設依頼

輸出企業　　　　　　　　　　輸入者

①信用状の
要求

輸入者（海外の取引先企業）は，同じB国に存在する銀行，たとえばこの企業が口座を持つ銀行に，信用状（L/C）の開設を依頼します（②）。具体的にいえば，輸入者（海外の取引先企業）は，銀行取引約定書等を添えて信用状開設依頼書（Application for Opening L/C）に依頼します。これは輸入者（海外の取引先企業）による銀行への与信行為の申し込みとなります。

　🔗　ビジネスをつなぐチェーン ⇔ 銀行の基礎知識（第1講）へ

　　信用状の開設は銀行にとって腕のみせどころとなります。それは，銀行にとってみれば，信用状の開設は与信行為であり，大きな収益機会となるからです。

　　銀行への融資の申し込みと同様，信用状開設を依頼してくる輸入者（海外の取引先企業）が明らかに信頼のおける企業であれば，信用状（L/C）開設を依頼された銀行にとって収益を得られるチャンスとなります。ただし，信用状を開設依頼してくる企業がいつでも信頼ある企業とは限りません。銀行は該当企業の取引履歴等を調査し，この企業の信用状開設の可否を判断することになります。

　　その判断方法にはさまざまなものがあります。従来は多角的要因からスコアを算出する方法が中心でしたが，近年，ディープラーニングの技術が発達するなか，依頼者の取引履歴，過去のビジネスの動向等を非構造化データからも判断しようとしています。

　銀行が信用状開設を依頼されて認可した場合，その銀行は信用状（L/C）の開設銀行（Opening Bank）となります。

　信用状（L/C）には「独立抽象性の原則」があり，輸出入の契約とは独立した別個の契約とみなされています。また，作成の際に1字でも間違えてしまうと，あとで修正（amend）を要求されますので注意が必要です。

　**図表4-5**を見てください。信用状（L/C）を発行して輸出企業に届ける際，輸出企業の居住国にある銀行にその業務を委託することになります。輸出企業の居住国にその銀行の支店があれば，それを経由して信用状（L/C）を送ります。ただし，開設銀行があらゆる国に支店を持っているわけではありません。そこで通常，銀行は外国為替をはじめさまざまな業務を共同で行うためのコル

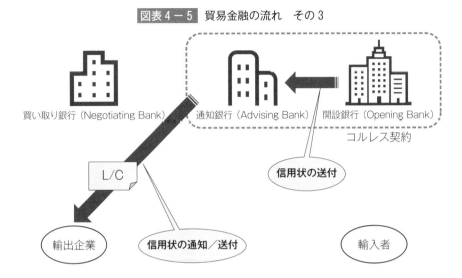

図表4－5 貿易金融の流れ　その3

買い取り銀行（Negotiating Bank）　通知銀行（Advising Bank）　開設銀行（Opening Bank）

コルレス契約

L/C

信用状の送付

輸出企業　信用状の通知／送付　輸入者

レス契約（Correspondent Agreement）を他の銀行との間で結んでいます。またこの契約を行った銀行をコルレス銀行（Correspondent Bank）とよびます。こうしたコルレス銀行が輸出企業に信用状（L/C）を通知するための銀行，すなわち通知銀行（Advising Bank）となります。発行銀行から通知銀行に郵送，電信，あるいはそれらを組み合わせた方法で信用状が送付され，その後，通知銀行から輸出企業に対して信用状（L/C）が送付されることになります。

**ビジネスをつなぐチェーン ⇔ 暗号技術（第5講）へ**

　ところで，信用状を送る際に，なぜ通知銀行をはさむ必要があるのでしょうか。

　それは，これらの取引は国をまたいでいるため確実に信用状（L/C）の通知を行う必要があるからです。さらに，偽物の信用状（L/C）が出てくることへの備えの意味もあります。通知銀行は，開設銀行とコルレス契約を結んでいるため，信用状（L/C）の真贋に関して，そこに書かれている署名（Signature）から判断できるためです。

　ただし，テクノロジーが発達した現代社会において，信用状（L/C）の真贋を判断するのにもっと効率的な方法がないのでしょうか。この点については，実は暗号技術，そしてそれを活用したブロックチェーンにおいて代替できる可

能性もあります（第5講）。

# 3　信用状を利用する貿易金融⑵

　輸出企業が製品に関する出荷手続きをした際に，輸出企業の手元に残っているのは図表4－2のとおり船荷証券（B/L），インボイス，包装明細書等によって構成されている船積み書類です。ここで輸出企業は買い取り銀行の用意するフォームに従って為替手形を作成します。これは，売り手が振り出す手形であり，26ページで解説した取立為替（逆為替）です。**図表4－6**を見てください。これは図表4－2を発展させたものです。船積み書類に為替手形を併せたものが荷為替手形と考えてください。

　**図表4－7**を見てください。輸出企業は買い取り依頼書（Application for Negotiation）を作成し，銀行に信用状（L/C）の原本（Original L/C）を添えて，荷為替手形の買い取り依頼を行います。買い取りを依頼された銀行は，船積み書類や為替手形の記載内容が信用状（L/C）の内容と一致しているかをチェックします。そして記述内容にディスクレ（Discrepancy，不一致）がなければ，荷為替手形を買い取ることになります。これによって荷為替手形を買い取った銀行が，買い取り銀行（Negotiating Bank）となります。

　そもそも輸出企業は契約をした時から，輸入者（海外の取引先企業）がきちんと代金を支払ってくれるかという資金回収リスクに向かい合ってきたはずです。ただし，荷為替手形が買い取られた時点で，輸出企業が製品輸出における資金回収をすべて完了している点に留意してください。本来ならば資金の回収にやきもきする立場の輸出企業ですが，この時点で安心感を手に入れることができるのです。

　**図表4－8**を見てください。買い取り銀行は荷為替手形（送り状，包装明細書，船荷証券，為替手形，必要に応じて保険証券等）を開設銀行に送付することで，開設銀行から該当金額を回収することになります。実際のところ，買い取り銀行が輸出企業から荷為替手形を買い取ってその代価を支払った時点と，買い取り銀行自身が現金を回収する時点とにはタイムラグがあります。この期

間は，実質的に「買い取り銀行の輸出企業に対する金融」となっていることにも注意してください。

図表 4 - 6　貿易金融の流れ　その 4

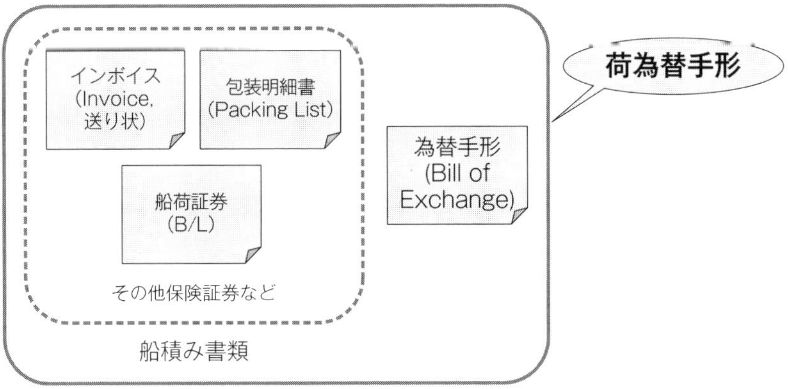

図表 4 - 7　貿易金融の流れ　その 5

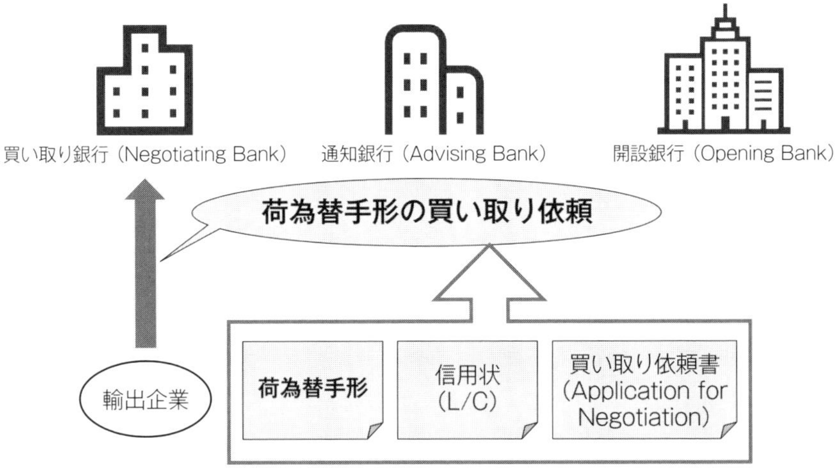

図表 4 − 8 貿易金融の流れ その 6

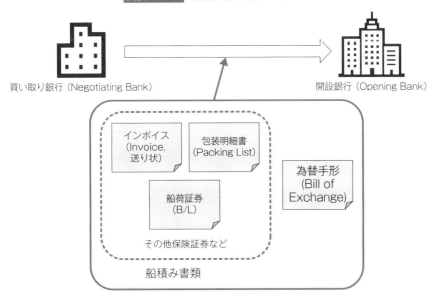

買い取り銀行（Negotiating Bank）
開設銀行（Opening Bank）

インボイス
(Invoice,
送り状)

包装明細書
(Packing List)

為替手形
(Bill of
Exchange)

船荷証券
(B/L)

その他保険証券など

船積み書類

図表 4 − 9 貿易金融の流れ その 7

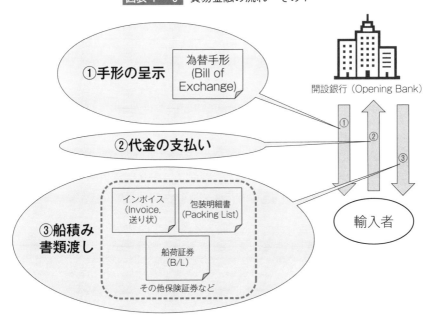

①手形の呈示
為替手形
(Bill of
Exchange)

開設銀行（Opening Bank）

②代金の支払い

③船積み
書類渡し

インボイス
(Invoice,
送り状)

包装明細書
(Packing List)

船荷証券
(B/L)

その他保険証券など

輸入者

ビジネスをつなぐチェーン ⇔ 外国為替（第6講）へ

　上述の「買い取り銀行の輸出企業に対する金融」は，いうまでもなく銀行の慈善行為ではありません。そこで，荷為替手形が外貨建てならば，買い取って円建てで支払う際の外国為替レートとして調整されることになります。ここに適用されるレートは，この手形がたとえば一覧払手形であれば，信用状（L/C）付一覧払手形レートが適用されます。このような調整も金融の重要な特徴であることを確認してください。

　**図表4-9**を見てください。開設銀行は輸入を行う企業に対し手形を呈示します（①）。一覧払手形の場合，手形の呈示とともに，輸入者（海外の取引先企業）は代金を支払うことになります（②）。ここでようやく開設銀行から輸入者（海外の取引先企業）に対して，船荷証券（B/L）をはじめとする船積み書類が渡され（③），輸入者（海外の取引先企業）が（輸入者のフォワーダーを通じて）製品を受け取ることが可能となります[6]。

　■　■　■

学生：信用状（L/C）を使った貿易金融はよくわかったんですけど…

先輩：まだ何か疑問がありそうだね。

学生：そもそも海外の取引先企業は，その企業にとって『お客さん』ですよね。お客さんに『信用状（L/C）を発行してください』というのは気が引けますよ。輸入者（海外の取引先企業）に信用状（L/C）を要求しない方法はないんですか？

先輩：（笑）。意外にシャイなところがあるんだね。万が一，A君が起業するとしたら，少し不安だ（笑）。

学生：もう，笑わないでくださいよ！　信用状（L/C）を使わずに荷為替手形を利用することはないのですか？

先輩：それもあるよ。最初に，D/P（Documents against Payment：手形支払い時書類渡し）について説明したほうがわかりやすいね。D/Pでは，輸出者は一覧払手形を振り出す。そこで輸入者（海外の取引先企業）は手形の呈示と

---

6　船舶会社から輸入者（海外の取引先企業）に貨物到着案内（Arrival Notice）が届くと，輸入者（海外の取引先企業）はそこに書かれている製品の明細を再確認し，入港予定日を確認します。また，荷為替手形が開設銀行に到着したことが輸入者（海外の取引先企業）に伝えられたら，輸入者（海外の取引先企業）は代金を用意して，船積み書類を受け取る準備をします。

ともに，銀行で手形代金を支払い，船積み書類を受け取るんだ。

学生：なるほど。この場合の輸入者（海外の取引先企業）にとっての『銀行』にも特別な言い方があるんじゃないですか？　さっきは信用状（L/C）を開設した銀行を開設銀行とよぶ，といってましたよね？

先輩：そうだね，今回は信用状（L/C）を開設していないので，開設銀行ではなく取立銀行というよ。ちなみに，輸出者側の銀行のことを（買い取り銀行ではなく）仕向銀行ともよぶ。

学生：みんな一緒に『銀行』とすると，どの役割を担う銀行なのか，わからなくなってしまいますもんね。それぞれ名前が違うなら混乱が少ないかも。ところで輸入者（海外の取引先企業）が支払日に資金を用意できない場合もありますよね。その場合はどうするんですか？

先輩：当然そんなこともあるだろうね。ただ，最初に断っておきたいんだけど，資金を支払日に用意できないからといって，その企業をダメな企業と早とちりしちゃだめだよ。ビジネスを活発に行っていると手元の現金が不足して，期日に資金が用意できない場合が多々あるからね。

学生：最初にくぎを刺されましたね。確かに，資金が不足してしまう企業は，ビジネスをがんばっている企業でしょうね。

先輩：先の質問に戻ろうか。輸入者（海外の取引先企業）に融資を行ったり，支払い猶予を行ったりすることを一般的に輸入ユーザンス（import usance）とよぶんだ。

学生：変な言葉！

先輩：D/Pの場合に使うのは一覧払手形であるため，手形の呈示とともに輸入者（海外の取引先企業）が代金を支払う必要がある，というのが前提だね。でも，そのとき万が一輸入者（海外の取引先企業）が代金を用意できなかった場合には，銀行が輸入代金の支払いを一定期間猶予してローンを設定する。輸入者（海外の取引先企業）は手に入れた製品を，猶予されている期間中に売却するなどして，資金を作り，ローンを返済することになるんだ。

ちなみに，D/Pだけでなく，信用状（L/C）を使った場合にもこのようなローンが設定される場合もあるよ。

学生：しつこいようですが，当然，ローンの満期日もやってきますよね。その当日も再び，輸入者（海外の取引先企業）が資金を用意できない場合はどうするのですか。

先輩：銀行によって再度融資が行われる場合もあるね。それを『跳ね返り金融』とよぶ。

学生：なるほど。かゆい所に手が届くような仕組みが作られているのですね。

先輩：D/Pとあわせて，D/A（Documents against Acceptance：手形引き受け時書類渡し）についても知っておいたほうがいいね。D/AはD/Pとは異なって，期限付手形を使う。すなわち輸入者（海外の取引先企業）は期日に『手形代金を引き受ける』ことで船積み書類を受け取ることができる。

学生：D/Aの場合，輸入者（海外の取引先企業）は資金を用意するのに時間的な余裕がある，ということですよね。でも，誰がそのような資金猶予を行うのでしょうか。

先輩：D/Aの場合に使うのは期限付手形，といったね。これは注意してほしいんだけど，支払いを猶予する主体者は手形を振り出した輸出企業なんだ。これは，輸出企業による輸入ユーザンスであり，『シッパーズユーザンス（Shipper's usance）』とよばれる。

学生：なるほど。ところで，ここで想定している輸出企業（製品を輸出する製造業）に対して金融の仕組みはないでしょうか。

先輩：当然，あるよ。たとえばお客さんとの契約後に製品を作り始めるとしたら大変だよね。銀行が輸出企業に対して，契約を見越して，つなぎの資金を融資することもある。

学生：輸出者にとっても至れり尽くせりですね。

先輩：それに，契約の合意を受けてからも運送代，倉庫代等，さまざまな資金が必要となるから，そのために銀行から輸出のための前貸しの融資を受けることもあるんだ。

学生：へー，銀行はビジネスのあらゆる分野に関与しているんだなぁ。

## 考えて みよう　貿易金融の発展可能性

　本講では，貿易金融について信用状（L/C）を利用する場合，ならびに信用状（L/C）を利用しない場合について見てきました。貿易が昔から発展してきたのと同様，貿易金融は古くから発展してきたビジネス金融の１つです。貿易金融は社会全体にとって有用であり，銀行にとっても銀行独自の高い情報分析能力を使ってリスクをとることで，収益源の１つとしてきたのです。

　ただし今までの流れを振り返れば，貿易においても，貿易金融においても，いかに「煩雑で面倒な手続き」が横たわっているかがわかります。当然，IT

をはじめとするさまざまなテクノロジーの進展とともに貿易や貿易金融の世界にも改革が行われてきましたが，それでも貿易とは基本的には「カミ」が飛び交う世界であることに変わりはありません。

　こうした状況に対して一企業の視点からみれば，全体のシステムの問題であるため，自社の努力ではどうしようもないこととあきらめてしまうかもしれません。ただし，近年新しい技術の発展とともにそうしたプラットフォーム自体の変更がささやかれるようになりました。また，新しいプラットフォームを提供するのは巨大IT企業のイメージがありますが，当然のことながら（新しく生まれた企業を含めて）誰が提供してもよいはずです。

　次講では新しいプラットフォームを構築する可能性の高いブロックチェーンについて見ていきます。

---

### 第4講　確認のための課題

　企業の立場にたって，さまざまなビジネスシーンを想定してみてください。そこで今回の貿易金融を念頭におきながら，どのような「ビジネス金融」が必要となってくるか，そのために銀行をどのように活用するかについて考えてみましょう（クラスであればディスカッションをしてみましょう）。

# プラットフォーム戦略

ブロックチェーンの可能性

　海外取引は煩雑で面倒な手続きが多くあることを学んだＡ君。先輩からその解消にブロックチェーンが応用できるかもしれないと聞いて疑問がわいたようです。

■　■　■

学生：なぜ，いまブロックチェーン（Blockchain）なんですか。先輩から聞く前からいろんな場所で何回もブロックチェーンについて耳にするんですけど。

先輩：どういうこと？

学生：ブロックチェーンはインターネットと同レベルの発明とまでいう人がいますが，正直いってピンとこないんです。暗号資産（crypto asset）を創るために生まれたブロックチェーンは，それほど素晴らしいイノベーションなんですかね？

先輩：技術面からみると，ブロックチェーンはイノベーションというよりも，フルーガル（frugal，倹約な）イノベーションの一種だと思うよ。その出発点となったサトシ・ナカモトの論文[1]は，これまでに存在していた暗号化技術などの数理技術をうまく紡いで，１つの興味深いシステムを提示したものにすぎないんだ。ブロックチェーンが真のイノベーションになるとすれば，新しい発想でそのシステムを社会やビジネスに応用できるかどうかだろうね。

学生：つまり，ブロックチェーンの活用範囲は暗号資産だけではないということですね

先輩：そうだね。実際，現在でも，暗号資産だけじゃなくてさまざまなビジネスの分野に応用されているからね。

学生：ブロックチェーンでは，ノード（node，ブロックチェーンの参加者）全員がみな同じ台帳（Ledger）を持つと聞きました。全員がみな同じ台帳を持つことがなぜ重要なのですか。

先輩：そうだね，たとえばインターネットにはさまざまなコンテンツがあるよね。そして，デジタルデータに置き換えることのできるものはコピーが簡単なのはわかるよね？　それに対しては当然，作成者の権利を守る必要がある。１つの台帳を通じてその所有権をきちんと明らかにすれば，たとえば芸術作品を生み出そうとするクリエイターも安心し，創作意欲ももっと出てくるんじゃないかな。

学生：なるほど。参加者全員でコンテンツの所有権を認めるのも台帳の１つの役割なんですね…。でも台帳とはどのように作られているのですか。参加者やそ

---

**1**　Nakamoto［2008］

のコンテンツが増えるとどんどん複雑になってしまいそうですね。

先輩：そうだね。たとえば，ブロックチェーンの発祥となったビットコインを例に見ていこうか。

　　　ブロックチェーンという名前のとおり，情報を入れた 1 つひとつのブロックが鎖のように連なっているイメージを持ってほしい（106ページでくわしく解説します）。ビットコインの場合，ブロックチェーンには「誰が誰にいくら送金した」という記録がブロックにとじこめられていて，それらが台帳として認識される仕組みになっているんだ。つまり，ビットコインにとって，台帳はブロックチェーンそのものになるね。ただし，この定義はブロックチェーンによって異なるよ。たとえば，後述するHyperledger Fabric等では，台帳はブロックチェーンとWorld State（112ページ）によって構成されているね。

学生：なんかむずかしくなってきたな…。ビットコインに話を戻しませんか。ビットコインの台帳って僕も持てるんですか？

先輩：もちろん持てるよ！[2]　Bitcoin Coreという基盤[3]を自分のパソコンにダウンロードすれば台帳を持つことになる。これまでのすべてのビットコインの取引記録も同時にダウンロードされるから，相応の時間はかかるけどね。

学生：僕でも台帳を持てるのかぁ。仮想通貨の取引にはそれほど興味がないけど自分も台帳を持っているとなるとなんとなく嬉しい気もするし，何かそわそわしますね。

■　■　■

　ブロックチェーンは，特定の管理者のいないシステムです。管理者不在のシステムにおいて，取引はどのように記録されていくのでしょうか。ブロックチェーンの基本要素についてイメージしてみましょう[4]。

## 1　ブロックチェーンの基礎事項⑴　ハッシュ関数

　ブロックチェーンの最も根幹的な部分をたぐっていけば，ハッシュ関数

---

2　いうまでもなく，各種の取引所を通して暗号資産を売買する場合は，取引所が 1 つのノードとして台帳を持っていますので，各個人が台帳を持っているわけではありません。

3　Bitcoin Coreのテスト環境を使って，ブロックチェーンに触れてみることもお薦めします。

4　ビットコインに関する技術の詳細について，たとえばAntonopoulos［2014］（日本語訳：アントノプロス（著），今井，鳩貝（訳）［2016］）等を推薦します。

（hash function）にたどりつきます[5]。ハッシュ関数によって（手元にパソコンさえあれば）短い文章であろうが巨大なファイルであろうが，対象を特定の長さの文字列を持つ文字に簡単に変換することができます。ハッシュ関数で変換された後のものがハッシュ値です。たとえば，巨大なファイルでもその中身が1文字でも違えばまったく別のハッシュ値を返します。さらに重要なのは，ハッシュ値からは転換される前の姿を再現することはできないことです。

 ビジネスをつなぐチェーン ⇔ 約束手形（第2講）へ

ハッシュ関数はビジネスにおいても重要です。

たとえば，A株式会社がB株式会社から製品を購入したとしましょう。A株式会社がB株式会社に商品代金として契約の1ヵ月後の7月15日に10万円を渡すことが決められたとします。B株式会社にとっては，その約束事「AはBに10万円支払います」に何かの確証がほしいところです（これを「正しい約束」としておきます）。

昔からこのような場合のために，約束手形（25ページ）が発達してきたはずです。また，偽造を防ぐために電子手形も開発されました。ただし，正式な手続きかどうかは別として，もう少し簡易に約束を残すことはできないでしょうか。たとえばWord等のワープロソフトで「正しい約束」を作成して，メールの添付ファイルで送ることはできないものでしょうか。

いうまでもなく，こうした文書ファイルだけでは簡単に偽造が可能です。誰か悪意を持つ人がいて，10に「0」を1つ足して，「AはBに100万円支払います」と「間違った約束」に改ざんしてしまえば，使い物になりません。ちなみに約束手形では原則として金額の訂正は認められていませんし，その他を訂正する場合には訂正前の記載事項が確認できるように二重線を引き，振出人の訂正印で捺印することになっています。

ところで「正しい約束」と「間違った約束」は，付け加えた「0」の1文字だけの違いですが，「0」を1つ付け加えるだけでハッシュ値は大きく異なります。すなわち，テキストデータが正しいことをはっきりと証明したいならば，A株式会社はB株式会社に「正しい約束」を文書として送るとともに，その

---

5　ハッシュ関数にはさまざまな種類がありますが，代表的なものとしてSHA256（Secure Hash Algorithm 256）やMD5（Message Digest 5）が挙げられます。

ハッシュ値と使用したハッシュ関数の種類も伝えるというのはどうでしょうか。こうしておけばB株式会社は自分でこのテキストにハッシュ関数をかけてハッシュ値を取り出すことができ，それがA株式会社から受け取ったハッシュ値と同じであれば，文書の中身が間違っていないことがわかります。

## 2　ブロックチェーンの基礎事項(2)　デジタル署名

ハッシュ関数をきちんとビジネスに応用するには，上述の内容に加えて，機密性を維持するためのさまざまな工夫が必要です。たとえばデータ内容を第三者にわからないようにするために，暗号化（encryption）が必要とされています。

そもそも暗号化とは何でしょうか[6]。ここでは「鍵（key）」が重要な役割を果たします。われわれの日常生活においてもさまざまな鍵があり，そのような鍵は通常，かける鍵も開ける鍵も同じものです。このような鍵を共通鍵とよびます。暗号化のためにも日常生活と同じように鍵が使われています。「暗号をかける鍵」と「暗号を解く（復号する）鍵」は同じ鍵の場合もありますが，安全性を確保するためには，それらの鍵を別の鍵にするほうがよいことはいうまでもありません。

そのために考えられたのが公開鍵を使った公開鍵暗号（Public-key cryptography）方式です。公開鍵暗号方式では秘密鍵と公開鍵の2本の鍵が作られます。秘密鍵は後述するデジタル署名（103ページ）を作成するための鍵です。一方，公開鍵は「デジタル署名が本当に本人作成のものか」を検証するための鍵と考えてください。

秘密鍵は作成した本人しか持つことができません。ただし，公開鍵は誰もが持てるように広く公開してもかまいません。インターネットで公開しても大丈夫です。ただし，秘密鍵から公開鍵を作る際には，公開鍵から秘密鍵を（逆算して）推測されないように工夫して作成しなければなりません。ちなみにビットコインではECDSA（Elliptic Curve Digital Signature Algorithm：楕円曲線デジタル署名アルゴリズム）という公開鍵暗号方式を活用しています[7]。

---

6　暗号とその技術の概要についてはJean-Philippe Aumasson（2020）を薦めます。

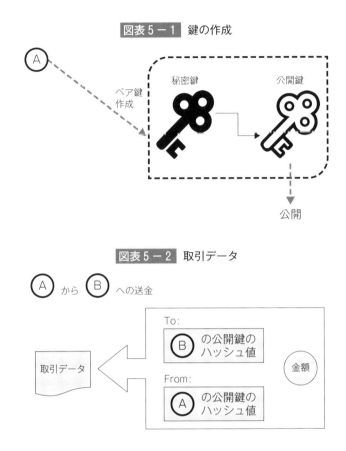

**図表5−1** 鍵の作成

A

ペア鍵
作成

秘密鍵　　　　公開鍵

公開

**図表5−2** 取引データ

A から B への送金

取引データ

To:

B の公開鍵の
ハッシュ値

From:

A の公開鍵の
ハッシュ値

金額

　ここで，送信者Aはこのアルゴリズムに基づいて秘密鍵と公開鍵のペアの鍵を作成したとします（**図表5−1**）。そして，公開鍵を広く公開します。

　ここでは，「AはBに特定の暗号資産の金額を送金する」という単純な取引（transaction）があったとします。この取引データに含まれているのは，「Aの公開鍵をハッシュ関数にかけて取り出したハッシュ値」と「送金したい金額」，そして，「Bの公開鍵をハッシュ関数にかけて取り出したハッシュ値」としておきます（**図表5−2**）。

---

7　公開鍵暗号方式の出発点は1977年のRSA暗号です。その後，DSA（Digital Signature Algorithm：デジタル署名アルゴリズム）やそれを改良したECDSA（Elliptic Curve Digital Signature Algorithm：楕円曲線デジタル署名アルゴリズム）へと発展していきました。

図表 5 − 3　送信者の手続き

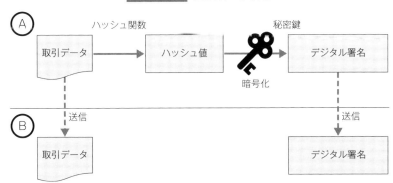

次に**図表 5 − 3**を見てください。

最初に，Aは上述の取引データをハッシュ関数にかけてハッシュ値を取り出します。次に，Aは自身の秘密鍵を使って，このハッシュ値を暗号化します。こうして暗号化したものをデジタル署名（digital signature）とよびます。デジタル署名とは「この取引内容が正しいことへの署名」とイメージしてください。ただし，このデジタル署名を作成できるのは，Aの秘密鍵を持っているA本人だけということにも注意してください。

Aはその後，Bに対して取引データとデジタル署名の両方を送ります。

**図表 5 − 4**を見てください。Bが行うことは以下の手順となります。

第1に，BはAから送られてきた取引データをハッシュ値に変換します（これをかりにハッシュ値1としておきましょう）。

第2に，公開されているAの公開鍵を使って，デジタル署名を復号します（これをハッシュ値2としておきましょう）。デジタル署名で復号したものは，そもそもAが暗号化する前の取引データのハッシュ値のはずです。

第3に，上述のハッシュ値1とハッシュ値2を比較してみて，一致していることを確認します。Aの公開鍵で復号して，取引データの正しいハッシュ値が得られれば，この取引データを作成したのがAであったことが確認できます。

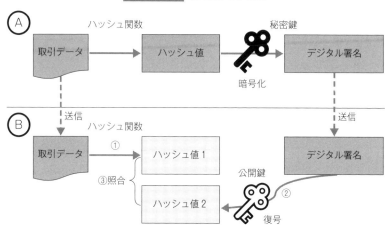

図表 5 － 4　受信者の手続き

⭐　投資家を意識してみよう―ブロックチェーンの可能性―

　企業で日々行われていく取引についてあらためて想像してみてください。取引先と交渉した結果,（企業にとって嬉しい）約束を得たとします。ただし,こうした約束が一般に法律に拘束されない口約束だとしたら,どうなるのでしょう。

　いわゆる「気の弱い人」は,本当に約束が守られるかに不安を持つでしょう。心配になって,しつこく取引先に約束を確認していけば,取引相手からも呆れられ,良好なビジネス関係を築くことはむずかしいでしょう。

　すなわち,これまでは「相手を信じる」ことのできた者,あるいはその「ふり」ができた者がビジネスに参画できる有資格者であったといえます。

　ところが,前述のハッシュ関数,そしてデジタル署名を活用することで,約束事を簡単に,そして正確に残すことができます。さらに,このような約束事を全世界に向けて公開してしまえばその後押しとなります。すなわち,約束事をブロックのなかに閉じ込め,それが後に改ざんできないようにするブロックチェーンの発想につながっていきます。

　現在,ブロックチェーンの可能性に投資家が関心を持っていることは間違いありません。それは,これまでビジネスに無縁だった人が参画することでいかにビジネスの可能性が広がるかに期待しているからです。

# 3　ブロックチェーンの基礎事項(3)　ブロックの構造

　ブロックチェーンの意義の1つが，取引をブロックに閉じ込め，その取引を改ざん不能な形にするために，ブロックをチェーンでつないでいくことです。そして，世界中の誰もがそれを確認できるよう公開するのです。

　まずはブロックのイメージについてビットコインを例に解説しましょう。

　ビットコインにおけるブロックの中身はさまざまです。**図表5－5**には，ビットコインにおけるブロックの中身を概略して表しています。

　ブロックの中には識別番号[8]や，該当ブロックのサイズ（大きさ）に関する情報とともに，このブロックの特徴であるブロックヘッダ，そして，（該当のブロックに詰めこんだ）取引データが複数格納されており，その取引データ数も記録されています。

　ブロックヘッダにはさまざまなものが格納されています[9]が，ここでは取引データを束ねるマークルルート（Merkle root）について考えてみましょう。マークルルートとは，取引を後で書き換えることのできないように，取引データそれぞれのハッシュ値をすべて結合していったものです。取引1と取引2の結合計算を行ってハッシュ値を作る，それを取引3と取引4の結合計算を行ったハッシュ値と結合して新たなハッシュ値を作る，といった具合にまとめていった最終的にできるハッシュ値がマークルルートとなります。

---

[8]　ブロックチェーンには実際に動いているネットワークもあればテスト環境もあり，識別番号で判別します。

[9]　ブロックチェーンのバージョン情報，マイニングをする際の採掘難易度，タイムスタンプ（ブロックの生成時間のスタンプ），直前ブロックのハッシュ値（ダイジェスト：digest），マークルルート，ナンス（nonce）等があります。

図表5−5 ブロックの中身

　ブロックは改ざんされないように，前のブロックから次のブロックをつなぎ，1つのブロックチェーンとしていきます（**図表5−6**）。それではどのように ブロックとブロックをつなぐのでしょうか。

図表5−6 ブロックチェーンのイメージ

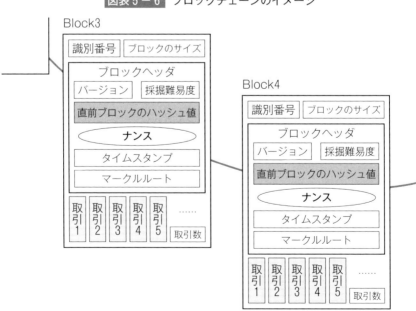

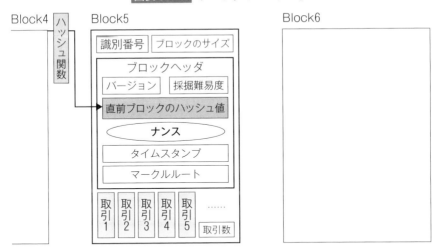

図表5－7　ブロックのハッシュ値

図表5－7を見てください。

　ビットコインの1つのブロックに関する情報は，次のブロックに格納されます。たとえばBlock4の情報は，最終的にBlock4のハッシュ値となります。そして，Block4のハッシュ値を次のBlock5がその内部に持つことで，Block4とBlock5が1本のチェーンでつながります。

　ブロック同士をつなぎあわせるには，前のブロックのハッシュ値を計算しておく必要があります。そもそも本講1で解説したように，ハッシュ関数を使ってハッシュ値を計算すること自体はむずかしいことではありません。ただしビットコインでは，ブロックに関するハッシュ値をあえて一定数以下にしなければならないという制約条件が課せられています。

　図表5－8を見てください。Block5とBlock6を1つのチェーンでつなぐことを考えてみましょう。そのためにはBlock5のハッシュ値が必要ですが，これは一定数以下という制約条件が課せられています。そのため，その制約条件をクリアするために，ブロックヘッダのなかに仮の数を入れて試行錯誤しながら，制約条件を満たそうとする作業が繰り返されます。この仮の数をナンス（nonce）といいます。

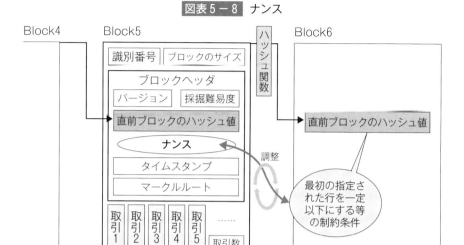

図表 5 − 8  ナンス

上述のナンスを最初に発見しようとする人々はマイナー（miner）とよばれます。ナンスを解き上げようとするマイニング（mining）についてはマイナー同士が競争を繰り広げます。図表5 − 8でいえば最初にBlock5のナンスを発見してBlock5のハッシュ値を得たマイナーは，Block5とBlock6をチェーンでつないで成功報酬が得られる仕組みとなっています。

ビットコインではナンスを解き明かした者がブロックをつなぐ資格をもつ仕組みとなっていますが，このようにブロックチェーンを維持していくために合意された仕組みのことをコンセンサスアルゴリズム（consensus algorithm）とよびます。上述したビットコインのコンセンサスアルゴリズムはPoW（Proof of Work，プルーフオブワーク）とよばれます。

┌ **Column**—51% Attack ┐

　ブロックに情報を閉じ込めること，そしてそれをチェーンでつなぐこと，このような仕組みによってブロックチェーンでは管理者がいなくても取引の情報改ざんを防いでいます。
　ただし，ビットコインでは本当に情報改ざんができないのでしょうか。

　ビットコインの運営上，すべての参加者の計算力の50％を超えたプレイヤー（これを仮に「神」とよんでおきます）が現れたとします。その場合，「神」に都合のよいようにデータを書き換えてしまうおそれ（いわゆる51% Attack）が存在します。

　そのような事態が今後出てくる可能性は否定できません。それにもかかわらず，ビットコインが運営されている理由は，51% Attackの事態に陥った場合にはビットコインが市場で価値を失ってしまうため，「（おそらくビットコイン取引に深く関わっているであろう）「神」は51% Attackを行わないだろうという逆説的な前提に立っているからです。

　すなわちビットコインは，情報を改ざんしようとする悪意を持つ者がその行為の代償を考え，情報改ざんにふみきらないという仮定の上に成り立つ仕組みにすぎません。それは確かに現時点においては合理的な考え方にみえますが，世の中の価値観の変化が生じた場合，合理的な考えとして持続するとは限りません。われわれの世界では，これまでさまざまなマインドチェンジが繰り返されてきたことをいま一度考えるべきでしょう。

### ★ 投資家を意識してみよう―ビットコインと環境問題―

　（ビットコインの取引相場の過熱化とともに）ビットコインのマイニングの過熱化も社会現象となっています。マイニング専用のASIC（application specific integrated circuit：特定用途向け集積回路）を駆使したマイナーが出現しています。さらにマイニングプール（mining pool）というマイナーの集団が組織されています。そうすると，さらにネットワーク全体のハッシュレート（hash rate：ハッシュ計算が毎秒何回が可能かという演算能力）が高くなり，ビットコインの採掘難易度も高くなる仕組みとなっています。そしてそれに伴い，たくさんのコンピュータ，そして莫大な電力消費が必要となります。

　これについてはビットコインに興味のない人にとっても対岸の火事とはいえません。（世の中の重要な課題を解くためならともかく）ナンスを発見するためだけの目的で巨大な電力が消費されていく現実を，われわれは直視すべきでしょう。マイニングは電力消費をおさえるために世界の寒冷地のマイニングセンターで行われているものの，それでも莫大な電力消費が行われ，環境に大きな負荷をかけています。この意味において，ビットコインの持続可能性は社会の持続可能性と整合的ではありません。このことをどのように読むのか，投資

家が着目するのはビットコインの相場だけではありません。

■　■　■

先輩：さっきも話したように，取引をオープンにして，参加者全員で台帳を管理し
　　　ていくブロックチェーンの仕組みは，ビットコインなどの暗号資産だけでなく，
　　　ビジネスにおいても応用されているんだ。

学生：新しいプラットフォームってことですね！　さまざまな企業が１つのシステ
　　　ムの上で共存共栄することができるなんて素晴らしいじゃないですか！

先輩：共存共栄？　少し甘いんじゃないかな。たしかに企業同士がしのぎを削るイ
　　　メージはないかもしれないけど，実際のところはプラットフォームのなかで
　　　企業が淘汰され，最適な企業だけが自然と選択されるシステムと考えたほう
　　　がいい。ブロックチェーンに従ってビジネスが展開されるとすればKGIやKPI
　　　（19ページ）に向けて邁進する従来型企業は必要でなくなってしまうからね。

学生：全世界的な競争が本格的に押し寄せる，そんな捉え方のほうが実態に近い，と
　　　いうことですね。進むも地獄，退くも地獄，かもしれませんね。誰がそのよ
　　　うなプラットフォームの音頭をとるのか…。

先輩：プラットフォームを作るのは新しい企業かもしれないね。ただ，そうすると，
　　　その企業自身がこれまで構築してきたビジネスモデルも雲散霧消してしまう
　　　可能性もあるからむずかしいところだ。

学生：ところで，ブロックチェーンを活用して新しいプラットフォームを創るとし
　　　たら，そのプラットフォームにはサステナビリティがあるのでしょうか。ビッ
　　　トコインの運用コストは莫大（109ページ）ですよ！

先輩：たしかにビットコインの運用には大きなコストがかかっているようだね。でも，
　　　あらゆるブロックチェーンの運用コストが高いわけではないんだ。ビットコ
　　　インでは新しいブロックを承認していく作業にPoWを採用し，あえてむずか
　　　しくしているという面がある。企業が連合してブロックチェーンのプラット
　　　フォームを作る際は，PoWといった大げさなコンセンサスアルゴリズムでな
　　　く，もっと手軽なコンセンサスアルゴリズムで大丈夫じゃないかな。

学生：なるほど。それなら手軽に新しいプラットフォームで新しいビジネスを生み出
　　　すことができますね。もちろん新しいアイデアがなくては始まりませんが…。

先輩：新しいビジネスというよりも，新しい価値観をもつ世界かもしれないね。

■　■　■

　ビットコインの登場以降，ビットコインを少しだけ変更したアルトコイン
（altcoin, alternative coin）が「雨後の筍」のごとく登場しました。アルトコイ

ンでも管理者不在で知らない者同士が取引を行いながら，情報改ざんを未然に防ぐ工夫が施されています。このようにブロックチェーンと暗号資産の関係は揺るぎないものと考えられます。

　それでは，ブロックチェーンを暗号資産以外へ応用することはどうでしょうか。たとえばビットコインの基盤を，そのまま他の用途に応用することは2つの理由から簡単ではありません。第1に，ビットコインについては，取引の処理が完了していることが前提となります。あいまいな途中過程をもたないステートレス（state-less）な仕組みであり，その分応用がききません。第2に，万が一ネットワークが攻撃される場合に備えて，ブロックチェーン内にさまざまなプログラムをあえて内在できないようにしています。すなわちビットコインは，いわゆるチューリング不完全（Turing-incomplete）であり，暗号資産以外へそのまま応用することには限界があります。

　ところが，その後そのような制約から抜け出したさまざまなブロックチェーンが現れます。それらのブロックチェーンはビジネスにおいて新しいプラットフォームを提供する可能性を持ち，「企業とは何か」という概念自体の変更を迫っています。

　ビットコインの誕生をBlockchain 1.0とすれば，ブロックチェーンのビジネス活用スマートコントラクトの誕生は，まさにBlockchain 2.0の幕開けといえます。

## 4　スマートコントラクトの誕生

　2013年にブロックチェーンに大きな潮流が生まれます。ヴィタリック・ブテリン（Vitalik Buterin）は，ビットコインと同様に誰でも参加可能なパブリック型のブロックチェーンであるイーサリアム（Ethereum）を構築しました。イーサリアムは，ビットコインとは違って，チューリング完全（Turing-complete）であり，ブロックチェーン内部に高度で自由度の高いプログラムを記述することができます。そうしたプログラムをイーサリアムではコントラクト（Contract）とよび，管理者を必要とせずに契約を自動執行できる仕組みとなっています。これがブロックチェーンにおけるいわゆるスマートコントラクト

（Smart Contract）です[10]。

　イーサリアムでは新たなプログラムをブロックチェーンに登録し，そのプログラムを実行することが可能ですが，プログラム記述の手続きにも工夫が施されています。イーサリアムには，文字どおりのGASとよばれるエネルギーの概念があり，プログラムを記述するためには，イーサリアムが内包している通貨イーサ（Ether）を使ってGASを購入する仕組みとなっています。すなわち無駄なプログラムを書かずに資源を節約するという合理的な行動が担保されています。ただし，イーサリアムはビットコインと同様にパブリック型ブロックチェーンとしてスタートしたため，マイニングが存在し，マイナーにイーサが発行される仕組みとなっています。その場合のイーサリアムのコンセンサスアルゴリズムとしてはPoWからスタートしたものの，自然環境等への配慮からイーサの保有量，あるいは保有日数によってマイニングの難易度が調整されるProof of Stake（PoS）へ移行しました[11]。

## 5　エンタープライズ型ブロックチェーン

　先述のようにイーサリアムはビットコインの影響が色濃く，ビットコインと同様に通貨イーサを備えています。そのため，イーサリアムでは暗号資産の管理にシステムが左右されることも確かです。ただし，スマートコントラクトを限定されたプレイヤーのなかでビジネスに活用する場合，そこまで暗号資産を基盤に置く必要がないことも確かです。

　そこで登場したのが，暗号資産としての制約がないHyperledger FabricやCorda等のエンタープライズ型ブロックチェーンです。たとえばHyperledger FabricではChaincodeとよばれるスマートコントラクトを記述できます。さらに，Hyperledger Fabricでは，各々の取引をブロックチェーンに記録しながら，取引をWorld Stateというデータベースで管理します。World StateはKeyとValueを使い，現在の状態（state）を取り出す仕組みです。

10　具体的にビジネスでスマートコントラクトを活用するための書籍として，田篭［2017］，中村・中越［2018］加嵩他［2019］を薦めます。
11　過去にはProgPoW（Programmatic Proof-of-Work）という方式が検討されました。

　Hyperledger Fabricのようなエンタープライズ型ブロックチェーンでは，ノードが限定されていることへの安心感があります。それゆえ，ネットワークに参加しようとするプレイヤーの承認をきちんと行い，証明書を発行するCA（Certificate Authority）が重要な役割を担います。

　Hyperledger Fabricはエンタープライズ型であるため，当然ながらPoWのような重厚なコンセンサスアルゴリズムは必要ではありません。より軽量化されたコンセンサスアルゴリズムの実装が可能となり[12]，それによって参加企業でのみ構成されたプライベート型のコンソーシアムが機動的に実現されていくことになります。

　それでは，エンタープライズ型ブロックチェーンは今後どのように活用されるのでしょうか。

　世間一般のイメージとしては，ブロックチェーンのビジネス活用については，暗号資産と類似するビジネス，すなわち金融関連資産のデジタル化ビジネスが思い描かれる場合も多いです。ただし，ブロックチェーンについてはそれ以外のさまざまな活用が模索されています。

　たとえば原材料のトレーサビリティかもしれませんし，電力取引の記録かもしれません。おそらく可能性は無限大であり，同一業種間の企業連携でなく，連携は異業種間にまたがるアライアンス（alliance：業務提携）をはるかに超越し，広範囲な同業種，他業種をまきこむものとなるでしょう。

★ 投資家を意識してみよう―ブロックチェーンは本当に必要か―

　今後，企業がエンタープライズ型ブロックチェーンを使って制度設計を行う場合，ブロックチェーンを使用する目的意識が極めて明確になる必要があります。というのは，たとえばHyperledger Fabricを使うならば外部のデータベースも活用する可能性があるからです。参加者が安全に台帳を持つことだけを望むのであれば別にブロックチェーンでなくても，セキュリティのしっかりしたデータベースを持つことで十分なはずです。さまざまな第三者を介在するエスクローサービスのすべてをブロックチェーンに置きかえる必要はありません。

---

12　Hyperledger Fabric 1.0では，Endorsement Ordering Validationという効率的な承認作業を行う方式が採用されました。

　新しいビジネスモデルが何でも投資家に響くとは限りません。ブロックチェーン導入を検討する場合，原点に立ち戻ってみて，そもそも本当にこのビジネスにブロックチェーンが必要か，という問いかけも重要です。

 ビジネスをつなぐチェーン ⇔ 貿易金融（第5講）へ

**＜貿易金融と技術＞**

　スマートコントラクトの登場はビジネスに何をもたらすのでしょうか。一例として第4講でみた貿易金融の今後の再編成について考えてみましょう。

　貿易金融は，貿易から副次的に生み出される貴重な金融ビジネスの1つです。ただし，貿易が世界的に拡大していった一方で，貿易金融のニーズは低下していきました。社会にとって有用な金融ビジネスであるはずの貿易金融が低下傾向にある理由の1つは，ITがここまで進展したにもかかわらず，「紙ベース」の古いスキームから完全に脱却できていない点です。貿易金融のスキームが現代に即した対応ができないのであれば，どのように社会的な意味があってもその凋落は免れません。

　もちろん，このような問題は従来から認識されており，貿易金融に対する改革はこれまでも何度か試みられています。古くには1990年代にITが進展していくなか，EDI（Electronic Data Interchange：電子データ交換）に注目が集まり，貿易金融EDIが提唱されるようになりました。それに関連して1995年にBAL（Bolero Association Ltd.）が設立され，1999年から運用が開始されました。また，同時期にわが国においてもTEDI（Trade Electronic Data Interchange）が発足しています。当初は，貿易金融EDIが新機軸となることが期待されましたが，たとえ迅速にデータ交換ができても，現実の輸送能力が追いつかない等の理由から，こうした潮流は一時的なものにとどまり，貿易金融の抜本的改革には至りませんでした。

**＜貿易金融とブロックチェーン＞**

　2010年代になると貿易金融においてもブロックチェーンの技術導入が検討されるようになったのはいうまでもありません。現在，貿易金融に関するブロックチェーンの実験は世界中で行われています。

　たとえばわが国においては2016年にNTTデータをはじめとする5つの企業が国内で初めて，貿易金融にブロックチェーンを適用する実証実験を完了しました[13]。また，2018年に設立されたwe.tradeの動向にも注目すべきでしょう。we.tradeはヨーロッパの金融機関を中心として中小企業間の取引ならびに貿

易金融の効率化を目指す新しいプラットフォームです。ここでは輸出企業と輸入企業，そして取引銀行の間で，スマートコントラクトによる新しい貿易金融が目指されています。さらに，認証についてもそのプロセスを国際的な基準に統一する等の工夫が施されています。

　ブロックチェーンを活用して無駄な書類や確認作業の効率化を図ることが貿易金融の新しい発展につながっていくでしょう。ただし，過去の貿易金融EDIに伴う経緯等を振り返れば，ブロックチェーン技術を導入するだけでなく，企業にとって参入ポイントの障壁を低くし，参加しようとするプレイヤーのインセンティブをどのように維持するかといった制度設計が重要となってくるでしょう。

## 考えて みよう　新しいプラットフォーム

　これまでに社会で構築されてきたプラットフォームは完璧ではありません。時代遅れになった部分に焦点をあてて，より時代にあった新しいプラットフォームが，ブロックチェーンを通じて登場してくる可能性もあります。

　企業が新しいプラットフォームに参加する場合，そのプラットフォームに参加するか否かを見極める判断はいうまでもありませんが，かりに参加するならばそれに飛びつくタイミングを見極めることが必要となってきます。

　さらに極論になるかもしれませんが，企業がブロックチェーンを用いてプラットフォーマーとなる場合についても考えてみましょう。

　リーダーシップを発揮して新しいコンソーシアムを構築していくことは社会にとっても重要なブレイクスルーとなるでしょう。ただし，新しいプラットフォームを実現していく過程においてはみずからのビジネスを破壊させてしまう可能性もあります。名をあげることを考え，損失覚悟でプラットフォーマーを目指す企業もでてくるでしょう。今どきの言葉を使えば，ディスラプティブ（disruptive：破壊的）なイノベーションとなる可能性があります。

　最後に，ブロックチェーンだけで何でもできるわけではありません。ブロッ

---

13　さらに2017年にはNTTデータは「ブロックチェーン技術を活用した貿易情報連携基盤実現に向けたコンソーシアム」を開始しています。

クチェーンはあくまでも世の中全体の情報システムの一部であることを再認識すべきでしょう。ブロックチェーンによる新しいプラットフォームを活用できる企業は，逆に「ブロックチェーンの外側にあるもの」をきちんと見極める企業ではないでしょうか。

### 第5講　確認のための課題

　社会の新しいプラットフォーム形成においてブロックチェーンを利用することにどのような利点があるのか，考えてみましょう。また，スマートコントラクトを使って，どのようなビジネスが構築できるのか，ビジネスアイデアを考えてみてください。クラスであればお互いのアイデアを聞いてみることも薦めます。

# 外国為替とデリバティブ

リスクヘッジについて意識してみよう

　海外取引（第４講）について学んだＡ君は，海外の通貨で支払う場合や逆に支払われた場合はどうすればよいのか，とくに為替レートについて考える必要があることに気づいたようです。

■　■　■

学生：さっきは輸出入を円滑に行うための手段として，信用状（L/C）の話でしたね。製品を海外に輸出する際に，信用状（L/C）を使うと代金回収の不安を持たなくてよくなる，ということでした。でも，無事に荷為替手形を銀行に買い取ってもらって，代金を回収したとしても，代金が米ドルのままでは困りますよね。

先輩：そうだね。そんなときは銀行に依頼して，米ドルを円に交換してもらおう。

学生：そういえば高校の卒業旅行から帰って来たときに，銀行に行って，持っていた米ドルを円に交換してもらいました。

先輩：アメリカに旅行に行ったんだね。

学生：そうなんです。現金を多めにもっていたほうが安心かと思って，アメリカ旅行の前に米ドルの現金を用意して，帰ってきてからまた余った米ドルを日本円に戻したんです。そのときはニュースなどで見ていても相場にそんなに変化がなかったはずなのに，旅行に行く前と帰った後のレートが全然違って…。

先輩：日本円に戻したときに，思ったより少なかったんだね。一言で交換レート，といっても実はさまざまなものがあるんだよ。

　Ａ君が銀行で米ドルを円に戻したとき，つまり米ドルを売ったときの交換レートは，『現金買い相場レート』だね。ここでいう「買いの立場」は銀行であることを注意してね。銀行が米ドルを買う際の買い相場レートとしては，一番有利な仲値とよばれるレートを出発点として，さまざまなレートがあるんだ。お客さんにとって有利な順で挙げると，

・TTB（電信買い相場）レート
・信用状（L/C）付き一覧払手形買い相場レート
・信用状（L/C）なし一覧払手形買い相場レート
・信用状（L/C）付き期限付手形買い相場レート
・現金買い相場レート

等があるよ。

学生：たとえば３番目の信用状（L/C）なし一覧払手形買い相場レートとは，前に学習したD/Pに適用されるレートですね（第４講参照）。

先輩：よく覚えていたね！　ここで挙げているレートは銀行が米ドルを買う際の買

　　い相場レートだけど，銀行が米ドルを売る際の売り相場レートもTTS（電信
　　売り相場）レートから現金売り相場レートまでさまざまなものがあるんだ。

学生：そんなに種類があるんですね…。

先輩：そう。ところで，たとえば大量の米ドルの売り上げがあった輸出企業がそれ
　　らを銀行に対して売ったとしたら，どうなると思う？

学生：えっと…，銀行が大量の米ドルを抱えてしまうんですよね。大量に米ドルを
　　抱えたままの状態で，外国為替相場で米ドルの価格が暴落したら…笑えない
　　話ですね。

学生：そうなんだ，銀行が為替変動リスクを抱えてしまうことになる。

先輩：銀行はどんな措置をするんですか？

先輩：じゃあ，今度は外国為替市場[1]の役割について見ていこうか。
　　まず，ポジション（position：持ち高）という言葉をおさえておいて。
　　銀行の立場で考えてみて，米ドルでも，ユーロでもいいんだけど，何かの通
　　貨を購入して保有している状態を「ロングポジション（long position）」とい
　　う。日本語で言えば「買い持ち」とよぶんだ。

学生：…となると，この場合，銀行は輸出企業からのドル売りによって「米ドルの
　　ロングポジションを抱えてしまった」ということですね。

先輩：飲み込みが早いね！　逆に何かの取引対象を売ってしまって，売りっぱなし
　　の状態が「ショートポジション（short position）」，すなわち「売り持ち」。
　　さらにロングポジションでもショートポジションでもなく，持ち高が相殺さ
　　れたポジションのことを「スクエアポジション（square position）」という
　　んだ。銀行は基本的に為替変動リスクを避けるために，スクエアを目指すは
　　ずだね。このことは当然米ドルに限らず，どの通貨にもいえる。

学生：銀行がスクエアを目指す理由ははわかりましたが，じゃあどうやって，スク
　　エアにするんですか？

先輩：他の米ドルが欲しい，と思う銀行に買ってもらうことだね。抱えている米ド
　　ルを売ることができたら，ロングポジションが解消されて，スクエアになるよ。

学生：そんなにたやすく相手の銀行が見つかるんですか？

先輩：その調整役になるのが外国為替市場の為替レートなんだ。市場では一般的に
　　買い注文が多ければレートは上がるし，売り注文が多ければレートが下がる。
　　取引相手の銀行がそのレートで納得すれば，取引が成立することになる。ち

1　外国為替市場の詳細な紹介については，たとえば国際通貨研究所編［2018］，小口［2013］，シティ
　バンク銀行［2012］を推薦します。

なみに，銀行同士でさまざまな取引をしている市場をインターバンク市場（In-terbank market）とよぶんだ。ここでは外国為替取引も行われているよ。インターバンク市場では，銀行はみずからのポジションを調整しながら，同時に取引からの収益も追求している…。

学生：うわぁー，「銀行」対「銀行」の勝負ですね！　プロ同士が取引をする市場なんて，息がつまりそう…。

先輩：インターバンク市場では，銀行同士が直接に取引をするだけでなく，外国為替ブローカーに仲介を依頼する場合もあることも覚えておいて。ブローカーを使う場合は，そのかわり手数料がかかるけどね。

学生：なるほど。ビジネスの世界を理解するには，外国為替市場や外国為替相場にも興味を持つ必要がありそうですね…。

■　■　■

　本書がこれまで想定してきたように，会社が製造業であり，かつ海外に製品を輸出する場合，本業とは関係なくビジネスに大きな影響を与えるのが外国為替相場ではないでしょうか。いくら製品が売れても外国為替市場で円高が進展すれば，利益は減ってしまいます（輸入ビジネスの場合は，当然ながらその逆となります）。企業においては，本業の戦略ももちろんですが，外国為替相場に対する意識と心構えが必要でしょう。

# 1　外国為替市場

　そもそも「外国為替」とは何でしょうか。第1講でもみたように，為替とは現金の移動を伴わない決済の仕組みを指します。ただし，外国為替は，言葉として別の使われ方もあります。たとえば，外貨を国内通貨建てに換算する際，外貨の交換（Foreign Exchange）を行いますが，その外貨の交換を指して単純に外国為替とよぶ場合もあるのです。

　それでは，外国為替を司る外国為替市場について見ていきましょう。外国為替市場の中心は（さまざまな金融機関が参加する）銀行間市場，すなわちインターバンク市場です。ここでは銀行をはじめとする金融機関同士で直接的な取引（Direct Dealing：ダイレクトディーリング）等が行われています。そして，インターバンクで取引されたレート，すなわちインターバンクレートが外国為

替相場の中心的なレートとなります。ちなみに以降では，外国為替の表記の仕方として，たとえば米ドルと円の通貨ペアであれば，米ドル／円とします（これは「1単位の米ドルを買うために必要な円はいくらか」を表していると考えてください）。

　伝統的に，インターバンク市場での取引は両建て（自社の売り気配と買い気配を相手に同時に提示する）で行われてきました。インターバンク市場に参加しているA銀行とB銀行があるとして，ここでは，A銀行がB銀行に問い合わせをしている場面を想定してみましょう。

　最初にA銀行から「通貨ペア」と「取引額」がB銀行に伝えられます。たとえばA銀行は「米ドル／円取引であること」「取引金額100万ドル」だけを伝えます（ここでA銀行は米ドルの買い手になりたいのか，売り手になりたいのかを伝えていないことに注意してください）。

　それに対して，B銀行はたとえば「105.80 − 105.90」といった気配を提示します。これを言葉にすれば（105円という大台を所与のものとして省略した場合）「はちまる・きゅうまる」となります。B銀行が提示した「105.80 − 105.90」は，

- 105円80銭というレートならば，B銀行は米ドルを100万ドル買う
- 105円90銭というレートならば，B銀行は米ドルを100万ドル売る

という意思を表しています。そして，どちらのレートにするかはA銀行に選択させるのです。

　A銀行が105円80銭を選択すれば（これを言葉として発するならば「はちまる・ユアーズ（yours）」ということになります），「A銀行がB銀行に105円80銭で米ドルを100万ドル売る」取引が成立します。また，A銀行が105円90銭を選択すれば（これを言葉として発するならば「きゅうまる・マイン（mine）」ということになります），「A銀行がB銀行から105円90銭で米ドルを100万ドル買う」取引が成立することになります。

---

 ビジネスをつなぐチェーン ⇔ 株式市場（第 7 講）へ

---

　このようなインターバンク間のダイレクトディーリングは，市場に参加して

いる当事者とってみれば大変な取引といえます。問い合わせをした立場のＡ銀行は買い手になるか売り手になるかを選択できるものの，Ｂ銀行から提示されるレートを受け入れることになります。また，問い合わせを受けたＢ銀行は，相手銀行に買いポジションか売りポジションかの選択権を与えてしまいますので，自分の望まないポジションを相手に押し付けられてしまう可能性もあります。その場合は早急に反対のポジションを作るために，別の銀行に問い合わせなければなりません。このようにインターバンクのダイレクトディーリングは大変な取引であり，手数料をとられることを覚悟するなら，外国為替ブローカーを通じて取引をする方法もあります。現在，こうした外国為替ブローカーのなかには人を介さないものもあります。

　ちなみに，このような市場取引の方法はあらゆる市場に共通のものではありません。たとえば日本の株式市場では「板」とよばれるゲーム盤のようなものの上に，買い注文や売り注文を並べて取引します（152ページ）。株式市場の取引はインターバンク市場で見られるダイレクトディーリンクに比べれば悠長なものに見えるかもしれません。

　さて，インターバンク市場での「１週間」を日本時間から見ていきましょう。日本時間の月曜日の早朝，朝の５時ごろ，ウェリントン市場から外国為替取引が開始されます。その後，シドニー市場を経て朝８時ごろ，東京市場が始まります。午後２時くらいになるとフランクフルト市場が，午後３時ころから取引高の巨額なロンドン市場が始まります。そして午後10時過ぎには最大の取引市場であるニューヨーク市場の取引が活発化します。このように１週間の最後，土曜日の朝方５時ごろニューヨーク市場で取引が終わるまで，外国為替取引は間断なく続いていきます。

## ２　外国為替相場と分析例

　外国為替市場における相場の変化をどのように見極めたらよいのでしょうか。外国為替市場は世界中の人が見守っているため，公平で平等な市場であり，相場の動向を読むことが大変むずかしいことが知られています。さらに，BIS Triennial Central Bank Survey［2019］によれば，外国為替市場での１日の取引高は2019年４月に１日あたり6.6兆ドルに達しています。このような数字から，

もはや実際の貿易から生まれる「実需」だけで外国為替相場の流れを論じることが不可能なこともわかります。

　そうとはいえ，たとえば輸出企業にとっては，売り上げを外貨で得ることが多いため，外国為替相場に無関心ではいられません。積極的に相場動向を調査することを迫られます。相場動向を読み解くためにはさまざまな分析の道具があります。古くから行われてきたものとしてはファンダメンタル分析（fundamental analysis），テクニカル分析（technical analysis：第7講153ページで株式市場の例について説明します），あるいはアノマリー（anomaly：理論的に説明できない現象）等があります。ここでは一例としてファンダメンタル分析について，米ドル／円取引を例に見ていきましょう。

　米ドル／円に限らずどのような通貨ペアであっても，米国経済の実態が外国為替市場に大きな影響を与えることに間違いはありません。一般的に，米国経済に明るい兆しがあれば米ドルは買われてドル高に（円安に）なっていくでしょうし，暗い見通しがあれば米ドルは売られてドル安に（円高に）なっていくでしょう。ただし，米国経済の実態といってもあまりにも漠然としています。そこで，対象となるのが，米国経済の実態の状況を反映してくれるさまざまな経済指標です。

　米国経済の実態を表す経済指標は多種多様で書ききれませんが，一例を挙げれば，毎月初めに発表される雇用統計（Current Employment Statistics, CES）は外国為替市場で大いに注目されます。そのなかでも市場からとくに注目されるのが失業率（Unemployment Rate）と非農業部門雇用者数（Nonfarm payroll employment, NFP）の数値です。

　ただし，外国為替市場において重要なのは当日発表される数値の良し悪しではありません。かりに発表された数字がどんなに米国経済の好調を表した数字であり，米ドルの上昇が予想されるものとしても，数値が発表されてから米ドルを買ってしまえば高値掴みとなってしまいます。その点において，ファンダメンタル分析は，タイミングと向き合う取引といえます。

★ 投資家を意識してみよう―番外編：外国為替市場の投資家―

　本書の「投資家を意識してみよう」のコーナーでは，企業の株式を取得する投資家をイメージしています。ただし，今回は投資家といっても，通貨を投資対象とする投資家をイメージし，そこでのファンダメンタル分析についてイメージしてみましょう。

　ファンダメンタル分析において重要なのは，経済指標の確定値が発表される前に，市場で予想値が生まれ，コンセンサス（consensus）が形成されることです。そうしたコンセンサスについては，さまざまな機関がみずからの情報を駆使して作成します。さらに，各社のコンセンサスをまとめたコンセンサスもあり，それにはより多くの注目が集まります。いうまでもなく，コンセンサスが形成されるのは経済指標が発表される前であり，投資家はコンセンサスを得た段階でまず一勝負を行います（米国経済の見通しが良いと予想されるコンセンサスをもとに米ドルを買います。逆に，悪いと予想されるコンセンサスをもとに米ドルを売ります）。

　そして，経済指標の発表日を迎えると，さらにもう一勝負あります。発表される数値がコンセンサスと変わりないものであれば，基本的には為替レートに動きはないはずです。それは，すでに相場に織り込み済みであるからです。

　一方，発表日にサプライズ（surprise）が生じる場合もあります。サプライズといっても，米ドルを上昇させるポジティブ・サプライズもありますし，米ドルを押し下げるネガティブ・サプライズもあります。たとえばポジティブ・サプライズは経済指標の確定値がコンセンサスの水準をはるかに超えて良好な場合に生じます。

　結局のところファンダメンタル分析といっても，予想外の情報の出現にどれだけ早く反応できるかに勝敗がかかっているのではないでしょうか。

■　■　■

学生：未来の為替相場の予測ってむずかしいですよね？　たとえば輸出企業に１年後に代金が振り込まれるとして，その時点で円高になってしまえば，元も子もないし…。

先輩：そうだね。外国為替相場は変化しているから，輸出企業は外国為替相場における為替変動リスクと常に向き合わなくちゃならない。でも，だからと言って輸出をあきらめるのはもったいないよね。実はこのリスクも回避，つまりヘッジ（hedge）することができるんだ。具体的には，為替予約やオプショ

　ンといったデリバティブ（Derivatives：金融派生商品）[2]の出番，ってことになるね。

学生：デリバティブですか。いろいろ便利な道具があるんですね！

先輩：まずは，そのなかでも「簡単な」為替予約についてイメージしてみようか。

学生：（小声で）「簡単な」といいつつ，おそらくむずかしいだろうなぁ…。

先輩：必要なとこだけ簡単に説明するから大丈夫だよ。まず「為替予約をしなくてよい」場合から考えてみようね。

　　　ある輸出企業にいま1万米ドルの入金があり，日本円に換えることを望んでいるとしよう。銀行と外国為替取引が成立してからすぐに，といっても通常は2営業日後に決済するんだけど，このような状況に適用されるレートをスポットレート（Spot Rate）という。かりに，ここでは現時点の米ドル／円のスポットレートを100円としておこうか。

学生：輸出企業は，2営業日後に1万×100で日本円100万円を手にしますよね。

先輩：そのとおり。次に，1年後の為替予約を考えてみよう。

　　　ある輸出企業に1年後に1万米ドルの入金予定があり，入金されたら米ドルを日本円に換えたいと考えているとしておこう。

学生：うーん。その場合に必ず「為替予約をしなければならない」のですか？

先輩：必ずしも必要ではないよ。もし，輸出企業が為替予約をしなければ，1年後のスポットレートで，米ドルを円に換えるだけの話なんだ。

学生：1年後には円安になっていて，たとえば米ドル／円のスポットレートがその時110円になっていたら，嬉しいけどなぁ。

先輩：逆に円高になっていて，その時の米ドル／円のスポットレートは90円になっているかもしれないよ。

学生：確かにそうですね。やはり，1年後の為替予約をしておきましょう！

先輩：じゃあ，1年後の為替予約のレートはどのように決めたらよいと思う？

学生：えー？　むずかしいですね。1年後に円高になっているか円安になっているかわかりませんもんね。うーん。そう考えると，現在のスポットレートの100円あたりのレートになれば，悪くないかも。

先輩：そうだね。輸出企業にとって現在のスポットレートの100円で予約ができれば悪くないだろうね。でも，銀行はそれをOKするかな？

学生：いま取引可能なのだから，可能じゃないですか。

先輩：本当にそうかな？　銀行の立場で考えてみて。

---

2　デリバティブについて体系的に習得するためには，たとえばハル［2016］を推薦します。

学生：えっ？　銀行の立場で，ですか？

先輩：ヒントは金利水準なんだ。日本と米国とではそれぞれの中央銀行が，各国の状況にあわせた金融政策をしているので国によって金利水準が異なる。ここでは，米国のほうが日本よりも金利水準が高いとしておこう。すなわち円で預金するより米ドルで預金するほうが，預金金利が高いと考えてみて。

学生：自信ないけど，銀行の立場になって考えてみます…。

　　　銀行は『輸出企業から外国為替予約をされるだけで，米ドルの入金を1年間待たされる』んですよね。円より米ドルのほうが預金金利が高いということならば，銀行の立場としては，もしいま米ドルを受け取って預金できたら利子がより多くもらえるのに，そのような高い金利をもらえないことになります。最低限その分の「代償」がほしいところですね。

先輩：なかなかいいね！　そうした取引者同士の立場が，1年後の為替予約レートに反映されるんだ。たとえば，あくまでも架空の設定だけど，米ドル預金は年間0.5%の利子が付き，円預金は年間0.002%の利子が付くとすれば，為替予約レートは単純に計算して，約99.50円となる[3]。

学生：それだと輸出企業が1年後に手にする1万米ドルの価値は100万円ではなく99万5,000円になってしまうのか…。

先輩：しかもこれは手数料を含めず，あくまでも「米ドルの運用について外貨預金をする」という最低限の前提なんだ。

学生：なるほど。輸出企業がヘッジをするのはリスクを減らすことができて良い反面，その分の代償を要求されているんですね。

先輩：そのとおり。ヘッジをすれば輸出企業のビジネスはある意味安定する。だけど，その分のコストも認識することは，ビジネスを遂行するうえで重要なんだ。為替予約だけでなく，デリバティブは必ずしも『魔法の杖』ではないことは最初に確認しておいてね。

■　　■　　■

---

3　たとえば架空の設定として，余剰資金を預金するものとします。ここでは米ドル預金は年間0.5%の利子が付き，円預金は年間0.002%の利子が付くとします。輸出企業が為替予約をすれば，銀行は輸出企業より米ドルを予約されるだけで実際に1年間は米ドルが入金されませんので，円預金をすることになります。円で運用すれば1年後に0.002%の利子が付き1,000,020円となります。一方，銀行が1年後ではなく『いますぐに』米ドルを輸出企業から受け取って1年間米ドルで預金できるとしたら，1年後に米ドルは＄10,050となるはずです。1,000,020円の価値が＄10,050と同じ価値になるように銀行が求めるのはいうまでもありません。そこで1,000,020円を＄10,050で割って交換レートを求めれば99.5044…すなわち約99.50円となります。

　外国為替の取引において，２営業日後に米ドルの受け渡しが行われる取引が
スポット（直物）取引です。ただし，実際には何日後に受け渡しをするかは，
当事者間で任意に決めることができます。米ドルを１カ月後に受け渡しをする
とか，１年後に受け渡しをするといった具合に，受け渡し予定を未来に設定す
る場合を為替予約といいます。

　本書が想定しているような輸出企業へ一定期間後に米ドルの入金があり，そ
の時点で米ドルを円に換えたいことが事前に判明している場合には，為替予約
が好都合に見えるものです。

　ただし，自身にとって好都合であることは，相手（銀行）にとっては不都合
です。相手（銀行）からは「未来の約束を確定した」ことに対しての代償が要
求され，それが為替予約レートに反映されることになります。これは，通貨間
の名目金利差が調整されることによって為替予約のレートが決定するという金
利平価説（Interest Rate Parity Theory）によっても説明されます。

　このようなヘッジに関するコストについて，オプションを使ってもう少し深
掘りしてみましょう。

## 3　オプションの活用

　これまで見てきた為替予約は，銀行との間の契約と考えてください。契約は
便利な反面，どのような状況でも必ず履行しなければならない性質を持ってい
ます。それに対して権利の売買，すなわちオプション（Option）取引は，権利
の買い手が行使権を持ちます。

　外国為替市場におけるオプションとは，外貨を将来に売買する権利のことで
す。たとえば米ドルを特定の期日に一定の価格で買う権利のことを米ドルコー
ル（オプション），米ドルを特定の期日に一定の価格で売る権利のことを米ド
ルプット（オプション）といいます。ちなみに特定の期日を満期日，一定の価
格を行使価格とよびます。

　オプションの取引ではどのような損益となるのでしょうか。

　かりに現在が12月として，ある輸出企業にとって製品販売に関する売上金額
が３カ月後の３月６日に入金されるとします。いうまでもなく３カ月後の米ド

128

ル／円レートがどのようになっているかは誰にもわかりません。ただし，この輸出企業は3月6日に，米ドル／円は現在のスポットレートよりも下がっているのではないか，と危惧しているとします。そこで，この輸出企業は，満期日が3月6日となる「米ドル3月限（ぎり）プットオプション」を銀行から購入する[4]とします。

　ここで，3月6日を行使日とする3月限米ドルプットを輸出企業が購入した場合，輸出企業の損益について考えてみましょう。ちなみにオプションの取引にはオプションプレミアム（Option Premium：オプション代金）が授受されますので，その点も考慮する必要があります。また説明を単純化するために，いったん金利等の概念は度外視して考えます。

　また，この輸出企業の損益を考える際には「いつの時点の話か」を定義する必要があります。そこで，ここでは時点を「満期時点」に限定して，その損益（ペイオフ：payoff）図を書いてみましょう（**図表6－1**）。ちなみに損益図はペイオフダイアグラムとよばれます。

　図表6－1は，縦軸に満期時点における損益をとったものであり，横軸には満期時点の米ドル／円の価格をとったものです。横軸で米ドル／円の場合分けをしながら，それぞれの損益を計算し，それらを線でつないだものがペイオフダイアグラムと考えてください。図表6－1を見ると，行使価格をはさんでAとBの2通りのパターンがあることがわかります。

　Aの部分に関しては，満期時点において米ドル／円が下がっていれば下がっているだけ，そのオプションに価値が生まれる仕組みです。ただし，Aのすべての部分において利益が生じているわけではありません（当初に支払ったオプションプレミアム分を考慮に入れる必要があります）。すなわち「行使価格－オプションプレミアム」の価格を下回って，米ドル／円が下がっていればその分だけ利益が出る仕組みとなります。そうした利益が出るのは，どんなに米ドル／円が下がっていても銀行に行使価格で米ドルを売りつけることができるから，と考えてください。

---

[4]　オプションには，取引所に上場しているオプションを取引する市場もあり，必ずしも銀行から相対取引で購入するとは限りません。

### 図表 6 − 1　プットオプションの買い手のペイオフダイアグラム

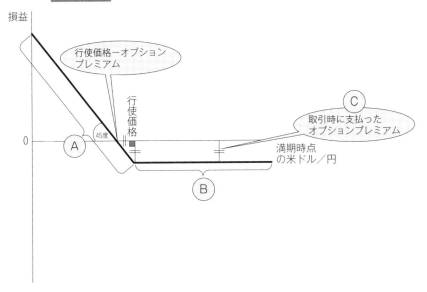

　次に，Bの部分について見ていきましょう。Bの部分に関しては，結果的に米ドル／円が上がってしまったため，上述のプットオプションを購入する必要がなかった場合です。ただし，Bの場合には当初の意図に反して米ドル／円がどんなに上がっても損失は「取引時に支払ったオプションプレミアム」に限定されており，それ以上に損失が嵩むことはありません。

　あらためて，Cについても確認しておきましょう。Cは，（オプションの取引を行った時点で決定される）オプションプレミアムです。オプションプレミアムは，取引時に確定して支払いが完了するのでその後に変更されるものではありません。オプションプレミアムはオプション取引の核心であり，最も重要な部分と考えてください。また，オプションプレミアムを感覚的に決めることはできません。商品やサービスであれば，取引をする当事者同士がたとえば原価を計算しながら適切な水準を決めればよいものです。ただしオプションは少し違います。オプションはあくまでも米ドル／円の取引から派生してくる権利であり，商品やサービスではないからです。すなわちオプションプレミアムをどのような価格に決定するかについては工夫が必要なのです。

それではオプションプレミアムのイメージについて，見ていきましょう。**図表6－2**を見てください。

最初に注意していただきたいのは，縦軸の定義です。さきほどの図表6－1の縦軸はオプション購入に関する損益を表していましたが，図表6－2の縦軸はオプションプレミアムを表していることに，くれぐれも注意してください。

まず認識しておいていただきたいのは，オプションプレミアムの構成要素は2つの価値から成り立っていることです。それらは，本源的価値（intrinsic value）とよばれるものと時間的価値（time value）とよばれるものの2つです。

最初に，図表6－2①には，オプションの満期時点における価値が書かれています。満期時点に権利行使して得られる利益が本源的価値です。ちなみに本源的価値に関していえば，その計算はむずかしいものではありません。米ドルプットの場合は，「行使価格」から「米ドル／円の満期時点の価格」を引くことで求めることができます。また，このような引き算の結果がマイナスになった場合は，ゼロとすればよいだけの話です（オプションは権利なので，価値がマイナスになることはありません）。

次に図表6－2②を見てください。

時間的価値のイメージとしては，①の本源的価値の2本の線を受け皿として図表6－2②の矢印の方向に向かって，（時間的価値という）砂を上から降り積もらせたイメージです。時間的価値は，オプションの満期日までにまだ時間があるので，その分だけ自分の思っている相場観（米ドル／円が下がる方向）に誘導されるかもしれないという期待感があり，そうした期待感から生まれるものと考えてください。そして今後，米ドル／円の変動性（ボラティリティ，本講5で解説します）が大きければ時間的価値は大きくなるし，変動性が小さければ時間的価値が小さくなります。

図表6－2③を見てください。本源的価値と時間的価値をあわせたものが③のオプションプレミアムにほかなりません。

図表6－2　オプションプレミアム

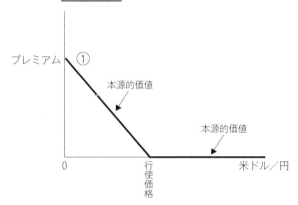

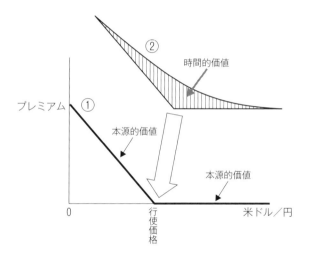

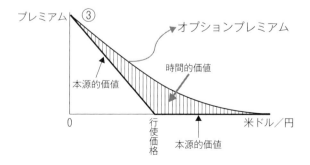

## 4 オプションプレミアムのイメージ

オプションプレミアムについて，もう少し詳しく見ていきましょう。**図表6 － 3**を見てください。

図表6 － 3 ITM，OTMのオプションプレミアム

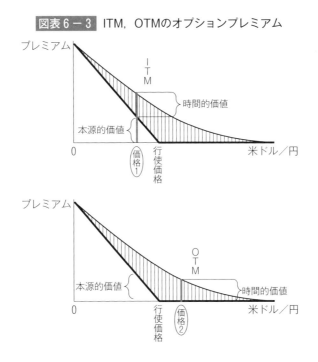

図表6－3上図は，米ドル／円が低い場合の「価格1」におけるオプション プレミアムと考えてください。「価格1」においては，行使価格が米ドル／円 の現在価格より上回っている状態です。こうした状態をITM（In the Money：インザマネー）とよびます。「行使価格」から「米ドル／円の現在価格」 を引くことで求める「本源的価値」もプラスになっていますし，さらに「時間 的価値」が加わることでオプションプレミアムも高い状況です（後で示す図表 6－4では，このようなITMの状態で，さらに米ドル／円の価格が一定のま まで，時間が経過していく様子を見ていきます）。

　図表6-3下図は，米ドル／円が高い場合の「価格2」におけるオプション
プレミアムと考えてください。「価格2」においては，現時点で権利行使して
も意味のない状態です。こうした状態をOTM（Out of the Money：アウトオ
ブザマネー）とよびます。行使価格が米ドル／円の現在価格より下回っている
状態であり，この場合に「本源的価値」はゼロです。ただし，「本源的価値」
はなくても「時間的価値」があり，オプションプレミアムが正の値になってい
ることを確認してください。

　ちなみに，行使価格が米ドル／円の現在の価格と同じ状態をATM（At the
Money：アットザマネー）とよびます。OTMと同様に，ATMの場合にも「本
源的価値」はゼロですが，「時間的価値」は存在しています。

　ただし注意しなければならないのは，購入したオプションの価値は，たとえ
米ドル／円の相場に何の変化がなくても，価値が減衰してしまう点です。

　**図表6-4**を見てください。さきほどの事例でITMの状態にある「価格1」
においてオプションの価値がどのように変化するかを見ていきましょう。

　ここで米ドル／円の相場水準が変わらずに一定のまま（ITMのまま）とし
ても時間が経過すればオプション価値は下がっていきます。いうまでもなく時
間的価値」が減衰していくためです。それは，（米ドル／円が下がるかもしれ
ないという）期待感が，時間が経過するごとに少なくなっていくことを意味し
ています。最終的に満期が来れば，オプションには本源的価値しか残らないこ
とになります。

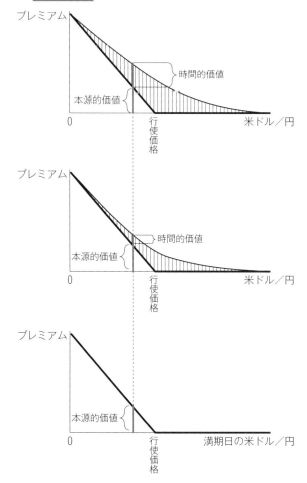

**図表6－4** 時間の経過に伴う時間的価値の減衰

---

⭐ 投資家を意識してみよう―リスクヘッジと企業価値―

　ビジネスを展開していくうえで，リスクヘッジはたしかに有用です。たとえば，輸出企業が為替変動リスクを減らすために，米ドルプットを購入して，ドル建ての売り上げの損失を限定することは避けて通れません。

　ただし，オプションは為替予約と同様，輸出企業にとって「魔法の杖」ではありません。上述したように，輸出企業がオプションを購入することは，時間

的価値と本質的価値の両方に対価を払っていることをきちんとイメージする必要があります。オプションについては（他の条件を一定とすれば）時間的価値は減少していきます。満期時点になると時間的価値はまったくなくなり，本源的価値しか存在しません。

　企業にとって過度なリスクヘッジを行えば本業の収益を減らし，本末転倒となります。企業価値を維持するためにはコストに関する見極めが必要です。投資家をきちんと意識するならば，その見極めは，次に述べる「オプションの購入価格」，すなわちオプションプレミアムに関する徹底した戦略となります。

## 5　オプションプライシングモデル

　企業，とりわけ輸出企業にとっては，リスクヘッジに伴うコストについて十分な意識を持つ必要があります。たとえば，企業はみずからが支払うであろうオプション価格（オプションプレミアム）の構造を知り，リスクヘッジに関する適切な戦略を持つことが必要となってきます。それでは，オプションの価値はどのように決まっていくのでしょうか。

　オプションの価値の決定法については，古くは19世紀末にフランスに出現したルイ・バシュリエ（Louis Bachelier）の研究に遡ります。

　バシュリエは当時，間違いなく度を越えた天才でした。バシュリエは，研究に関する周囲の理解もなく，技術的な制約も多いなか，資産価格の変動に関する数理モデルの構築に取り組みます。そのことは，オプションの価値を測る計算式，すなわちオプションプライシングモデル（option pricing model）の作成に直結します。そして独自の研究の結果，バシュリエは1900年に『投機の理論（Theory of Speculation）』という論文を発表します[5]。オプションプライシングモデルを導くに十分な数理モデルこそ完成できなかったものの，たった1人で（当時は存在していない）テクノロジーを想定しながら取り組んだバシュリエの功績について，現在では高く評価されています。

5　Bachelier, L（著）, Davis, M., & Etheridge, A.（英語翻訳）[2011] を一読されることを薦めます。

　そして実際に，世界ではじめてオプションプライシングモデルが日の目を見るのは，それから70年以上経った後です。1960年代に株式オプションの価格付けにチャレンジしたフィッシャー・ブラック（Fischer Black）とマイロン・ショールズ（Myron Scholes）は1973年に株式オプションを評価するためのオプションプライシングモデル，いわゆるBlack＝Scholesモデル（Black and Scholes［1973］）を発表します。Black＝Scholesモデル完成のためには，確率微分方程式に依拠する技術「伊藤のレンマ（Ito's lemma）」[6]（伊藤［1942］）がどうしても必要であり，Black＝Scholesモデルは「伊藤のレンマ」を巧みに利用しています（伊藤のレンマはバシュリエの論文提出から40年以上過ぎた1942年に登場していることから考えてみても，バシュリエがいかに先見の明があったかがわかります）。

　それでは1973年に発表されたBlack＝Scholesモデルについて見ていきましょう。1970年代では情報処理に関する制約も多く，簡単に価格を計算するための工夫が必要とされていました。たとえばオプションプライシングモデルの形式としては特定の変数をインプットすることで1つの価格をはじき出してくれる公式「閉じた式（closed form）」がその時代には必要とされていたのです[7]。そこで，Black＝Scholesモデルも最終的にこのような閉じた式として登場することになります。Black＝Scholesモデルには原資産価格（株価），行使価格，該当国の安全資産利回り，オプションの残存期間，ボラティリティ（volatility）の5つの変数を公式に代入することで計算可能となります。Black＝Scholesモデルはあくまでも学術的理論モデルでしたが，そのような手軽さからオプション取引の現場で，実務に利用されていくことになります。

　さて，Black＝Scholesモデルはあくまでも株式オプションを対象としたオプションプライシングモデルであり，外国為替オプションについてはGarman＝Kohlhagenモデル（Garman and Kohlhagen［1983］）が一般的に使われるよう

---

6　伊藤のレンマの直感的な理解，その他オプション価格公式の誕生の経緯や公式の活用の仕方については拙著・足立［2004］を参照してください。

7　現代では当然，コンピュータの処理能力が発展していきているため，新しいオプションプライシングモデルをつくるために，「閉じた式」を作成する必要は必ずしもありません。とくに，Harrison and Kreps［1979］以降，それに替わるさまざまなアプローチが発展しています。このような実務的なアプローチをていねいに解説したものとして，村上［2015］を推薦します。

**図表 6 − 5** Garman＝Kohlhagenモデルによるオプションプライシング

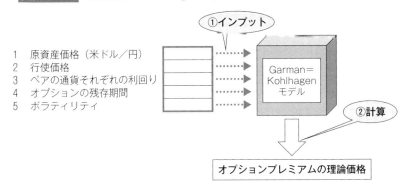

になりました（これはBlack＝Scholesモデルの外国為替への応用バージョンと考えてください）。**図表 6 − 5** を見てください。Garman＝Kohlhagenモデルに関しては，原資産価格（米ドル／円），行使価格，ペアの通貨それぞれの利回り，オプションの残存期間，ボラティリティをインプットして（①），オプションプレミアムの理論価格を求めます（②）。

　ただし注意しなければならないのは，Black＝Scholesモデルであれ，Garman＝Kohlhagenモデルであれ，このようなオプションプライシングモデルは，そもそもさまざまな学術的前提を持つ理論式にすぎないことです。たとえ慣習的に使われているからといって，そのオプションプライシングモデルを絶対視することは危険であり，現実の取引に使用する場合の弊害についても常に意識する必要があります。

　また，Black＝ScholesモデルとGarman＝Kohlhagenモデル，それぞれにインプットする変数は先ほど見ましたが，いずれも重要な変数はボラティリティです。上述のモデルでは，一般的にボラティリティが高くなればオプションプレミアムも高くなります。そこで，オプション価格のなかに想定されているボラティリティはどのくらいの水準であるかを知ることが問われます。そのために「ボラティリティ以外の変数」をインプットして（①），「市場で取引されたオプション価格」になるように逆算（②）することで，潜在的に想定されているインプライドボラティリティ（implied volatility）を求めていきます（**図表 6 − 6**）。すなわち，オプション取引をする場合，公表されているインプライ

**図表6－6** Garman＝Kohlhagenモデルによるインプライドボラティリティ

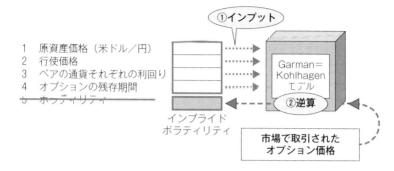

①インプット

1　原資産価格（米ドル／円）
2　行使価格
3　ペアの通貨それぞれの利回り
4　オプションの残存期間
5　ボラティリティ

Garman＝
Kohlhagen
モデル

②逆算

インプライド
ボラティリティ

市場で取引された
オプション価格

ドボラティリティを参考にしながら，自身の最適なオプションプライシング戦略を（ボラティリティを決めることで）目指すのです。

★ 投資家を意識してみよう―ボラティリティ―

　インプライドボラティリティが意味しているのは，オプション取引をする人々が原資産市場に潜在的に感じている「ぶれ具合」であり，原資産市場の今後の動向を把握するために重要です。そのような意味で，インプライドボラティリティが重要な指標となるのは株式市場においても同様です。そのため，シカゴオプション取引所（CBOE）がS&P500のインプライドボラティリティを基盤として算出するVIX指数（Volatility Index：恐怖指数）に投資家の注目が集まることになります。

## 考えて みよう　売る権利を売る

　本講では外国為替相場において，企業，とりわけ輸出企業のリスクヘッジについて考えてきました。一例として，輸出企業は米ドル／円のプットオプションを購入しがちですが，逆に，プットオプションの売り手についてもイメージしてみましょう。プットオプションの売り手になるのは，たとえば銀行です。米ドルプットを購入する企業側とは逆の立場，すなわち「売る権利を売る」立場の損益を考えてみましょう。

　とはいえ，プットオプションは売る権利ですから，「売る権利を売る」とい
う言葉のみでその損益を想像することはむずかしいのが実情です。そこで，オ
プション・ダイアグラムにおいて確認するのが妥当といえるでしょう。**図表6
－7**はドルプットの売り手，すなわち銀行の損益を表しています。先に見た図
表6－1とは逆の立場ですので，横軸をはさんでひっくり返したものと考えて
みてください。

　米ドル／円相場が未来においてどのように動くかは実際のところ，誰にもわ
かりません。ただし，相場が下落していかないのであれば，米ドルプットの売
り手は，当初の契約時に受け取ったオプションプレミアム（Cの部分）を受け
取ったまま「逃げ切る」ことが可能です。すなわち，プットオプションの売り
手は，図表6－7ではBとなることを期待しています。売り手は，すでに取引
をした時点でオプションプレミアムを手に入れていますので，時間的価値の減
衰は気にする必要がありません（むしろ時間が減少していけば，相手が権利行
使をする可能性の芽を摘むのでチャンスとなっています）。

**図表6－7**　プットオプションの売り手のペイオフダイアグラム

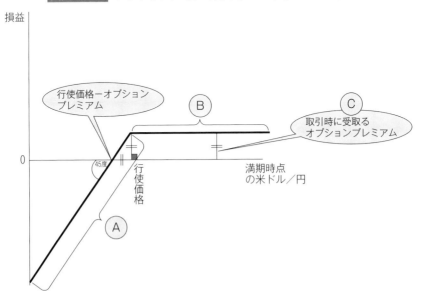

すなわち，プットオプションの売り手からみれば，オプションの取引時にオプション価格が高いほうが望ましく，市場全般のボラティリティが上昇しているときに取引する等の戦略が必要となります。

あらためてリスクヘッジする企業の立場に戻って考えれば，このような売り手の戦略を意識していくことが何よりも望まれます。

## ┌ Column—ストックオプション：企業経営と
##          オプションをつなぐチェーン(1) ┘

企業に関わるすべての利害関係者にとって，その「やる気」を維持していくにはどうしたらよいでしょうか。

そこにはさまざまなアプローチがありますが，経営陣や従業員のインセンティブ設計の1つとして，コールオプションを活用したストックオプション（Stock Option）について考えてみましょう。ストックオプションは，特定の期間内に，企業の株式を当初に決められた価格（行使価格）で購入できるオプションです。

わが国における経緯としては，1997年にストックオプション導入が解禁され，ベンチャー企業を中心にストックオプションが盛んに発行されるようになったことに遡ります。ストックオプションを付与された人にとってみれば，当初設定された行使価格を超えて自社の株式が上昇することを望みます。それがさまざまな利害関係者が一丸となって企業を発展させる（株価を高める）インセンティブにつながっていくのです。

ただし，ストックオプションを付与する場合には，利害関係者に対して公平な対応をしていく必要があります。本講でもみたように，その評価にBlack＝Scholesモデルあるいはその派生モデルを使うのであれば，ストックオプションの価値はボラティリティに大きく左右されます。企業がこれから伸びようとしている時期には自社株のボラティリティが高いため，付与されるストックオプションの価値は大きくなります。逆に，企業がすでに安定している時には自社株のボラティリティは低いため，付与されるストックオプションの価値は小さくなります。たとえ同じ企業で同じストックオプションを付与されたとしても，付与されるものの価値が違う場合もあるのです。

そして，2006年の会社法の施行に伴い，ストックオプションに対する会

計基準が変更されたことは大きなインパクトとなりました。2007年よりストックオプションの付与は報酬として認識されることになり，わが国でストックオプション発行が著しく減少することになります。

　一方，ストックオプションのなかで現在注目されているのが株式報酬型ストックオプションです。これは権利行使価格をあえて1円と設定して，1円で企業の株式を購入できるコールオプションであり，株式と同じような動きをすることに特徴があります。

　ところでなぜ，1円の権利行使価格を持つコールオプションが株式と同じ動きをするのでしょうか。このような1円の権利行使価格を持つデリバティブの構造については，拙著・足立［2004］でもゴールドマン・サックスのポケット株という商品を例に紹介しています。株式報酬型ストックオプションの制度設計もこの商品と同じ概念として説明可能です。

　図表6－8を見てください。

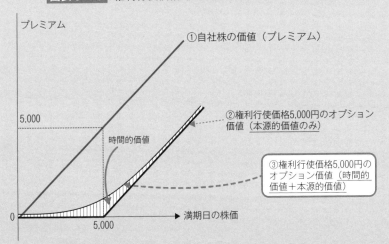

図表6－8　権利行使価格5,000円の場合のオプション価値

　ここでは縦軸にプレミアムを，横軸に満期日の株価を表しています。こうした座標は一般的にオプションのプレミアムを説明するために使いますが，最初に，無理やり自社株の価値（プレミアム）をあてはめてみましょう（図表6－8①）。いうまでもなく，市場で取引された株価がそのまま株式の価値となりますので，このなかでは右斜め45度に上がっていく直線として表現されます。次に，たとえば自社株を5,000円で買う権利，すな

わちオプションの価値について考えてみましょう。まずは，本源的価値の
みについて考えてみれば，これは第6講でも学習したように2つの直線を
使って表されます（図表6-8②）。ただし，オプションの価値は本源的
価値だけでなく，そこにあたかも砂のように降り積もった時間的価値との
総和（130ページ）になるため，③の曲線が自社株を5,000円で買うことの
できるコールオプションの価値（時間的価値＋本源的価値）となります。
もういちど①と③の間にオプションの価値②が存在していることを確認し
てください。

　次に，権利行使価格を5,000円ではなくどんどん引き下げていくことを
考えます。**図表6-9**を見てください。ここでは究極として権利行使価格
1円まで引き下げています。

**図表6-9** 権利行使価格1円の場合のオプション価値

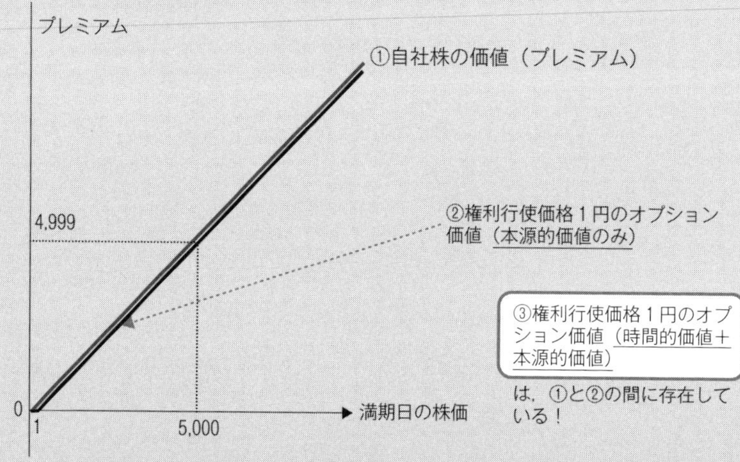

　図表6-9では，自社株の価値は図表6-8と同じですが，権利行使価
格1円のオプション価値（本源的価値のみ）は自社株の価値に限りなく接
近している（価値がほぼ同じになっている）ことに注意してください（図
表6-9②）。ところで求めたいのは②の本源的価値のみではなく，②に
時間的価値を足したもののはずです。すなわち，権利行使価格1円のオプ
ション価値（時間的価値＋本源的価値）を③とするならば，③をどのよう
に描いたらよいでしょうか。②は1円の箇所で変化するため，その直線の
上にもはや時間的価値の曲線を描く余裕がないことを確認してください。

たとえ無理やり描くことができたとしても，それは①の自社株の価値（プレミアム）にさらに近づくだけです。

このように，株式報酬型ストックオプションはデリバティブであることは間違いないものの，実質的には株式の価値構造に近いものです。そこで，通常のストックオプションとは違い，利害関係者にとってあたかも株式のように身近に感じることができる利点があります。

近年では，譲渡制限付株式（Restricted Stock：RS）や，パフォーマンス・シェア・ユニット（Performance Share Unit：PSU）という業績連動型の株式報酬制度にも注目が集まっています。ただし上述の株式報酬型ストックオプションは大変工夫されたものであり，今後，さまざまなシチュエーションで利害関係者のインセンティブ設計に活用されるでしょう。

## 「Column─種類株式と投資家対策：企業経営とオプションをつなぐチェーン(2)

### ＜利己的な投資家への対策＞

たとえば株式会社が普通株式を発行して資金調達をすることを想定してみましょう。普通株式には株主総会で議決権を行使する権利が付随しているため，株式を取得した投資家が，株主総会で議決権を得てしまいます。

いうまでもなく，投資家の見解が社会のサステナビリティに貢献する内容であれば企業も遵守すべきですが，利己的な要求に対しては慎重に対処すべきでしょう。このように企業の経営者にとってみれば，投資家への対策は避けて通れないものです。

従来，経営者は投資のメカニズムを理解し，本音と建て前を使い分けてきました。たとえばわが国では（投資家への対応と経営目標に温度差のある）ダブルスタンダード経営が作り上げられました。もちろんこうした経営を手放しで肯定するわけではありませんが，そのような経営姿勢を生んだ背景もしっかりと見つめるべきです。そもそもダブルスタンダート経営は，従来型の間接投資主体の資金供給メカニズムから直接投資主体の資金供給メカニズムに社会が移行するなかで，企業が「利己的な投資家に骨抜きにされないように講じた一種の打開策」でもあったのでしょう。

それでは，これから生まれてくる企業にとって，投資家と適切な距離をとるためにはどうしたらよいでしょうか。

## ＜種類株式の活用＞

そうした対策の1つとして，普通株式ではなく種類株式を発行する方法があります。会社法第108条では，「株式会社は，次に掲げる事項について異なる定めをした内容の異なる2以上の種類の株式を発行することができる」としています。ここに書かれている「次に掲げる事項」とは，①剰余金の配当，②残余財産の分配，③株主総会において議決権を行使することができる事項，④譲渡による当該種類の株式の取得について当該株式会社の承認を要すること，⑤当該種類の株式について，株主が当該株式会社に対してその取得を請求することができること，⑥当該種類の株式について，当該株式会社が一定の事由が生じたことを条件としてこれを取得することができること，⑦当該種類の株式について，当該株式会社が株主総会の決議によってその全部を取得すること，⑧株主総会において決議すべき事項のうち，当該決議のほか，当該種類の株式の種類株主を構成員とする種類株主総会の決議があることを必要とするもの，⑨当該種類の株式の種類株主を構成員とする種類株主総会において取締役または監査役を選任すること，の9事項です[8]。

こうした9つの事項において，普通株式以外にもさまざまな工夫の施された種類株式を発行することが可能となっています。たとえば株式を発行したいものの，投資家には議決権を制限したい場合，何か別の条件（代わりに①の事項に着目して剰余金の配当が優先される条件）を組み合わせながら，議決権の制限をした株式を発行することも可能です。

また，このような種類株式はオプションの仕組みが活用されています。たとえば⑤の事項において，投資家が株式取得を請求するということは，株主がプットオプションを持つということになりますし，⑥の事項において投資家は，当初の時点で会社に対して「株式を取得する権利」，すなわちコールオプションを付与している立場となります。⑦の事項においては⑥をさらにレベルアップしたコールオプションを付与していることになります。

種類株式の究極としては，⑧の事項の活用です。⑧の事項について，いわゆる黄金株を発行することが可能ともなります。黄金株を発行すれば，通常は普通株主総会に任せ，特別な場合にのみ黄金株主総会の判断に任せ

---

8　ただし，委員会設置会社および公開会社は，⑨の事項についての定めのある種類の株式を発行することはできません。

ることが可能です。ただし，このような黄金株の発行に関しては，一企業の制度設計としてだけでなく，社会全体の制度設計として十分な議論が必要です。

### 第 6 講　確認のための課題

　起業してビジネスを営む場合を想像してみてください。そのビジネスでは，外国為替にまつわるリスクをどのように減らすかについて考えてみましょう。また，オプション取引にどのような注意すべきポイントがあるかについて（クラスであれば）ディスカッションをしてみましょう。

第 **7** 講

# 株 式 市 場

あらためて投資家を意識してみよう

148

　これまで，起業したつもりで，ビジネスのさまざまなシーンを追いかけてきました。
ところで，立ち上げた企業がビジネスに成功した場合はどうなるのでしょうか。2
人の会話は，企業が取引所に上場する場合，そしてそこで向き合うことになる不特
定多数の投資家の話に移ります。

■　　■　　■

学生：かりに自分が始めたビジネスが世の中に広く受け入れられて，一定の成功を
　　　得たとします。そのような場合，企業は最終的に何を目指していくんですか。
先輩：EXIT（出口）ということだね。もし起業家がそのビジネスから引退を考える
　　　ならば，1つの方法として，企業を高く買ってくれる人たちに売却するかも
　　　しれないね。
学生：なんとなく寂しいけど，企業を売却して得た資金を元手に，また新しい事業
　　　をやることも魅力的ですね。
先輩：あるいは，別の方法として，株式会社なら取引所への上場，すなわちIPO
　　　（Initial Public Offering：株式の新規公開）[1]を目指すのも「あり」だね。
　　　IPOということになれば，起業家は自分自身の持っている株式を売り出し，そ
　　　こでの利益が期待できるかもしれない。当然，メリットは起業家だけでなく，
　　　会社自身にもあるよ。世間から信頼され，ビジネスもさらに発展するんじゃ
　　　ないかな。
学生：IPOですか…。話は変わりますが，株式投資をしている父親が，IPO銘柄の抽
　　　選に当たって儲かった，と喜んでいました。
先輩：じゃあ，お父さんの投資の話がでてきたので，起業家の立場だけでなく，今
　　　度は投資家の立場でも考えていこうか。IPO投資を行う投資家の間では，『公
　　　開価格（上場する直前に売り出す株価）』と『初値（上場して初めて市場でつ
　　　く株価）』との価格差がよく話題になるんだ。
　　　　公開価格より初値が高くなることをアンダープライシング。逆に，公開価
　　　格より初値が安くなることがオーバープライシングとよばれているよ。一般
　　　的に，IPOにおいては，前者のアンダープライシングに投資家からの期待が集
　　　まり，注目する人が多いんだ。
学生：なるほど。公開価格で購入しておいて，初値で上場日に売ることで利益を目
　　　指す投資家がいるということですね。
先輩：アンダープライシングが極端になる場合もあるんだ。たとえば，AIの世界で
　　　高い技術力を誇るHEROZという企業が，2018年4月に上場したんだけど。

1　企業のIPOについては岡村［2013］，忽那［2008］を推薦します。

学生：知っています。将棋アプリで有名ですね。

先輩：くわしいね！　HEROZのIPOでは初値が公開価格の10倍以上となり，株式市場で大きな話題となったんだ。

学生：それはすごい！　かなり儲かった人がいるのかも。

先輩：ただし，これだけは絶対に注意！　アンダープライシングは必ず起きるとは限らない。オーバープライシングとなる可能性も当然あるよ。投資をする際には，企業の目論見書等をしっかりと読んで，投資するかどうかは慎重に判断しなければならない。

学生：そうですね。極端な事例だけにとらわれず，投資先をきちんと見極める必要があるんですね。

先輩：そのとおり！　意外と投資家としての視点が備わっているなぁ。

学生：心にもないお世辞はやめてくださいね（笑）…というより，実は投資家に関して，正直いって漠然としたイメージしか持っていません。投資家もさまざまだと思うんです。公開価格で買って初値で売って儲けようとする投資家もいれば，長いことその企業の株を持つ投資家もいるでしょう。投資家を分類して考える必要はないんですか。

先輩：その考え方には一理あると思うよ。投資家と一言でいっても，全然違って見える場合がある。たとえば，今度は，IPO後の株式の流通市場の世界を考えてみようか。株式の流通市場の世界は，一見すると2極化しているように見えるかもしれない。

　　　第1の潮流は，人間の目では見えないスピードで投資が行われていく『超短期投資』の世界（158ページ）。ここで投資をしているのはロボットだから，投資家の顔なんてそもそも見えてきやしない。

　　　第2の潮流は，それとはまったく違って，何年にもかけて投資が行われる『超長期投資』の世界。ここでは，エンゲージメント（engagement）という目的で，投資家はわざわざ電車に乗って会社までやってきて，企業とさまざまな対話を行うんだ。

学生：コロナ禍では電車で来るかわりに，ウェブ会議システムに切り替わったでしょうね。

先輩：そうだろうね（笑）。いずれにせよ，対面であろうがウェブ会議システムであろうが，超長期投資をする投資家は経営者の顔を穴があくまで見つめながら，ESGの取り組み姿勢などを質問してくるだろうね。

学生：目に見えない投資家と，目に見える投資家。まったく違いますよね。

先輩：確かにイメージとしてつながらないよね。ただし，両者は一見つながりがな

いように見えて，『根っこは同じ』であることにも注意が必要じゃないかな。

■　■　■

　起業家は出発時点から，常に投資家を意識していくことになります。草創期にはエンジェルやベンチャーキャピタル，そしてIPO後は，目に見えない不特定多数の投資家を相手にすることになるでしょう。

　昔から，世間一般では，投資家には2つの種類があると考えられてきました。1つ目のタイプの投資家は短期的に目先の利益を求める投資家，すなわち短期投資家です。短期投資家は変動性の高い銘柄をねらい，日中の変動のなかで売買するポイントを見極めます。2つ目のタイプの投資家は，長期的なスタンスに立って割安に放置されている株を買ったり，企業の成長を予測したりして投資を行う投資家，すなわち長期投資家です。そしてわが国では一般に，後者の長期投資家には良質なインベストメントチェーン（Investment chain：投資の循環）の担い手として期待が集まるのですが，前者の短期投資家については度外視されてきたように思われます。

　ただし，会社法に「株式会社，株主を，その有する株式の内容及び数に応じて，平等に取り扱わなければならない」（会社法第109条）という「株主平等原則」があるとおり，投資家は平等です。そこには短期も長期もありません。ましてや，「学生と先輩との会話」でもあったように現代では短期投資が超短期投資へ，長期投資が超長期投資へと変わってきていますが，それでも投資家として共通する本質を見抜くことが重要です。

　これまで本書では，さまざまなビジネスシーンを見ながら「投資家を意識してみよう」とよびかけてきました。玉石混交のビジネスの世界，そのなかに望みを託す投資家とは，そもそも何だったのでしょうか。最後にあらためて「投資家とは何か」について考えてみます。

# 1　流通市場

　ここでは企業がIPO（Initial Public Offering：株式の新規公開）をしたその後について見ていきます。

　IPOによって自社の株式を広く公開する市場が「株式の公開市場」であるの

に対して，その後，日々株式の取引が行われていく市場を「株式の流通市場」とよびます。

　株式の流通市場では，一般的に「板」の上で取引が行われることになります。企業が上場している限り，「板」における取引は続いていくことになります。ところで株式の流通市場の取引の方法としては，ザラ場と板寄せに分けることができます。ザラ場は通常の日中の取引，板寄せは特別な事態における取引と考えてください[2]。本書では一般的な取引であるザラ場を見ていきます。

　注文の方法はさまざまなものがありますが，最も基本的な注文としては，成り行き注文と指値注文があります。成り行き注文は取引価格を指定せずに数量だけを指定する注文です。このような成り行き注文は，すぐに取引を執行させたい場合等に使われます。一方，指値注文は取引価格と数量の両方を指定する注文であり，すぐに取引が成立するとは限りません。

　また，取引を執行するルールとして価格優先の法則と時間優先の法則があります。これについては第1に，価格優先の法則が先行します。価格優先の法則とは，買い注文のなかではより高い価格の注文から，売り注文のなかではより低い価格から優先的に執行される法則です。ただし，同じ価格の指値の注文があった場合にはこの法則のみで順位付けできません。その際には，時間的に早い注文から優先して執行されるという2番目の法則が必要であり，これが第2の時間優先の法則です。

　また，指値注文よりも成り行き注文が優先して執行されることも注意してください。成り行き注文はすぐに執行されてしまうので，「板」に現れることはありません。そこで今から解説する「板」の上には指値注文だけが載っていることに注意してください。

　**図表7－1**を見てください。これはある株価の日中のザラ場の「板」の様子についての瞬間的なスナップショットと考えてください（あくまでもイメージとした描いたものです）。

---

2　たとえば，1日の最初に始値を決定する場合，何らかの事態が起きて売買が中断してしまい，取引再開後の最初の値段を決定する場合等に板寄せが行われます。本書では省略しますが，板寄せのくわしい説明については拙著・足立［2010］を参照してください。

図表7－1 日中のザラ場のイメージ

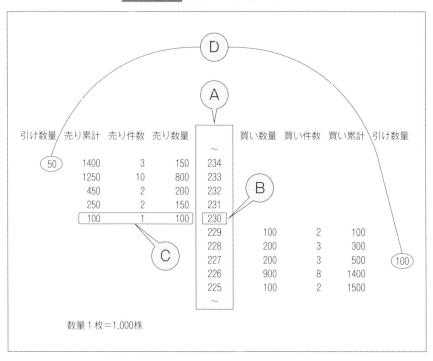

数量1枚＝1,000株

　図表7－1のAには，株価が特定の間隔（値幅）で記されています。そして値段をはさんで左側に売り注文が，右側に買い注文が並べられています。図表7－1のBは売り手と買い手との間で最後に取引が成立した，最新の株価と考えてください。この最新の株価230円を基に見ていきます。

　次に，図表7－1のCを見てください。最後に取引が行われた230円の価格には100枚の売り数量（売り件数としては1件）が注文されています。ここでは図表の下に書いているように1枚＝1,000株の設定としていますので，100×1,000で10万株の買い注文がはいっていることになります。価格優先の法則によれば，この230円の100枚の売り注文がすべての売り注文のなかでは最初に優先されます。ちなみにその左側には売りの累計数量が記されています。

　さらに，図表7－1のDを見てください。売りサイドの一番左の列，買いサイドの一番右の列に，引け数量があります。売りサイドの234円の売り注文に

は50枚の引け数量，買いのサイドでは227円の買い注文には100枚の引け数量があることがわかります。これはそもそも指値注文ですが，相場が終了する「引け」までに指値注文として執行されない場合は，成り行き注文に変更されるといった注文です。

## 2　テクニカル分析と戦略

これまでは「板」のおおまかな読み方について解説してきました。「板」は市場に関する需給を反映したものです。ただし，それだけのものと素通りしてしまうのでなく，「板」の様子から投資家の意思を読み取ることについても考えていきましょう。「板」には投資家のどのような思いが反映されているのでしょうか。

たとえば投資家の心理を「板」からどのように読み取るかについて，テクニカル分析の基本的な視点と併せて考えていきましょう。**図表 7 − 2** によれば，233円の売り注文に売り数量，売り件数とも他と比べて突出しているのがわかります。これは，市場関係者が233円という価格に何からかの特別な意味を感じていることを示唆しています。それは「この相場は233円を超えては上昇しないだろう」と考えている投資家が多いことを意味しています。相場が233円を突破することを想定していないため，233円まで価格が上昇してくるならば，233円で売りたいと思う投資家が多いということです。

おそらく，これまでに何度か，この相場において233円を突破しようとする勢いがあってしてこの価格まで上がってきたものの，その時に売りが嵩んだという過去の攻防の歴史を投資家が覚えているのでしょう。

この場合，多くの投資家の心のなかには，この価格まで買いが進んできてもこれより以降は買い進めにくいという心理的抵抗線があると思われます。すなわち，この相場には233円にレジスタンスライン（resistance line：上値抵抗線）が存在している可能性があります。レジスタンスラインは心理的に突破しにくい壁です。233円という水準まで相場が上昇してくれば，売り手と買い手の間で攻防戦が繰り広げられると考えられます。

**図表7－2** レジスタンスライン

| 引け数量 | 売り累計 | 売り件数 | 売り数量 | | 買い数量 | 買い件数 | 買い累計 | 引け数量 |
|---|---|---|---|---|---|---|---|---|
| | | | | ～ | | | | |
| 50 | 1400 | 3 | 150 | 234 | | | | |
| | 1250 | 10 | 800 | 233 | | | | |
| | 450 | 2 | 200 | 232 | | | | |
| | 250 | 2 | 150 | 231 | | | | |
| | 100 | 1 | 100 | 230 | | | | |
| | | | | 229 | 100 | 2 | 100 | |
| | | | | 228 | 200 | 3 | 300 | |
| | | | | 227 | 200 | 3 | 500 | 100 |
| | | | | 226 | 900 | 8 | 1400 | |
| | | | | 225 | 100 | 2 | 1500 | |
| | | | | ～ | | | | |

イメージ

レジスタンスラインが存在している可能性

株価

233

230

227

　ただし，万が一レジスタンスラインを突破した場合はどうなるのでしょうか。1つの考え方にすぎませんが，テクニカル分析では，レジスタンスラインを突破すれば大きな形成逆転のチャンスとも考えられています。その場合は，レジスタンスラインの役割は逆転し，以降はサポートライン（以下に説明します）に転換する，という考えがあります。これらは，あくまでもテクニカル分析の1つの考えであり，絶対的な信頼を置くことは避けるべきですが，投資家の行動を理解するうえで重要なポイントとなります。

　一方，**図表7－3**はレジスタンスラインの解説とは逆と考えてください。

　図表7－3の場合，226円の価格には，他の価格における買い注文と比べて，

図表 7 - 3　サポートライン

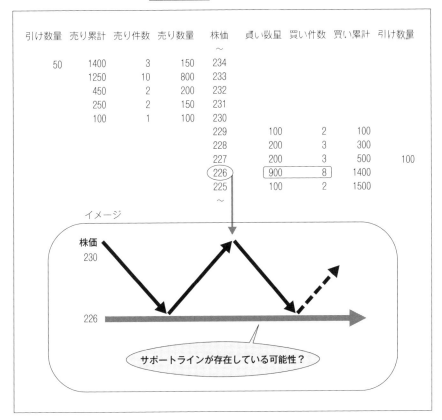

| 引け数量 | 売り累計 | 売り件数 | 売り数量 | 株価 | 買い数量 | 買い件数 | 買い累計 | 引け数量 |
|---|---|---|---|---|---|---|---|---|
| | | | | ～ | | | | |
| 50 | 1400 | 3 | 150 | 234 | | | | |
| | 1250 | 10 | 800 | 233 | | | | |
| | 450 | 2 | 200 | 232 | | | | |
| | 250 | 2 | 150 | 231 | | | | |
| | 100 | 1 | 100 | 230 | | | | |
| | | | | 229 | 100 | 2 | 100 | |
| | | | | 228 | 200 | 3 | 300 | |
| | | | | 227 | 200 | 3 | 500 | 100 |
| | | | | 226 | 900 | 8 | 1400 | |
| | | | | 225 | 100 | 2 | 1500 | |
| | | | | ～ | | | | |

イメージ

株価
230

226

サポートラインが存在している可能性？

その注文枚数が明らかに多いことがわかります。これは226円という価格にも233円と同様に何からの意味があり，たとえば「この相場は226円より下にはいかないだろう」と考えている投資家が多いことを示唆しています。相場が226円を突破して下降することを想定していないため，226円まで相場が下落してくれば，そこで買いたい投資家が多いことを示唆しています。226円にも233円と同様の「買い対売り」の攻防戦の歴史があったことを相場が覚えているのでしょう。すなわち，投資家の心理に226円にサポートライン（support line：下値支持線）が存在している可能性があります。かりにサポートラインがあれば売りが嵩んできても，その価格を下回っては売り進めにくい点があります。

　また，万が一サポートラインが突破された場合には，サポートラインの役割は逆転し，以降はレジスタンスラインの役割に転換する，とも考えられています。

　また，過去の売りと買いの攻防に応じて，1つの相場に複数のレジスタンスラインや複数のサポートラインが存在している場合もあり，多様な戦略が存在している可能性もあります。

　いうまでもなく，こうしたテクニカル分析の考え方にはそもそも理論的根拠はありません。ただし，テクニカル分析は多くの投資家が意識するところであり，投資家の行動や思想を理解するためにはおさえておく必要があります。多くの投資家がテクニカル分析を通じて相場を見るのであれば，テクニカル分析の示唆するように市場が動く可能性もあります。テクニカル分析のような分析方法については，「信じる」のではなく（相場に飲み込まれないため）「知っておく」ものと考えてください。

■　■　■

学生：短期市場の投資って興味深いですね！　たとえばサポートラインとレジスタンスラインの間で売買をしかけておいて，市場の変動に任せるのも1つの手ですね。

先輩：それはまさに，短期投資の王道の戦略だね。

学生：板をよく読むことで，市場に参加している投資家の考え方がわかるのは便利だなぁ。

先輩：ただし，目には見えない部分もたくさんあるよ。

学生：どういうことですか。

先輩：2010年，東京証券取引所にアローヘッドという次世代高速システムが導入されたんだ。これによってわが国の取引所でも，投資家から売買注文を得た場合，受付通知を発行する処理時間が極端に短縮できるようになったんだよ。これがわが国におけるHFT（High Frequency Trading：高頻度取引）の本格的な幕開けなんだ。

学生：…？　『受付通知を発行する処理時間が極端に短縮できる』って？　一体そのことにどのような意味があるんですか。

先輩：短期投資家になったつもりで，株式の注文を行った場合を考えてみて。A君が株式投資の注文をしたら，取引所にどれくらいの時間で処理してもらったら満足する？

学生：投資を実際にしたことがないのでよくわかりませんが，そうだなぁ…おそらく 1 秒くらいで処理してくれれば十分な気がします。

先輩：なるほど 1 秒か。A君がそれで満足するのは，生身の人間だからなんだよ。

学生：またまた，怖いこといっていますね（笑）。どういうことですか。

先輩：2010年にアローヘッドが導入されると，取引所が投資家からの発注を受け付けた際，その受付通知を発行する処理時間を1,000分の 1 秒（ミリ秒）以下にすることが可能となったんだ。しかも，アローヘッドはその後もどんどんリニューアルされ，さらにシステムの高速化が図られている。そうなれば，わずかな間隔で注文を何度も繰り返すことができるよね。

学生：そんなこと，人間には当然できませんよね。

先輩：もちろんだよ。そこでたとえばHFTベンダーとよばれる専門の業者が，より高速に，的確に注文を出せるように新しいシステムの開発に邁進することになる。すなわち，取引はより高頻度に行われていくことになるんだ。

学生：なるほど。ただし，HFTベンダーがどんなに開発競争をしてもしょせん現時点で世の中に存在する技術の性能には限界があるでしょう。結局，業者が競争しても差は出ませんよね。

先輩：理論的にはそうだろうね。そこで，あくまでも 1 つの競争の方向性なんだけど，HFTベンダーは自社のサーバをなるべく取引所に近づけることを次に考える。これはいわゆるコロケーション（collocation）とよばれ，アローヘッドのネットワークに近づけば近づくほど高速に注文を出せるという仕組み。

学生：変わった競争だなぁ！　これもまた現代の投資家の 1 つの姿なんですね。

■　■　■

　現代の短期投資は，驚くほど短い間隔で繰り広げられています。生身の人間では認識できない間隔であるため，専用のシステムを使った高速取引が始まっています。一方，そうした技術をもたない投資家はどうしたらよいでしょうか。これまでに本書では投資家を意識してさまざまなビジネスシーンを見てきましたが，現代における投資家の変遷も見ていきましょう。

## 3　HFT

　HFTというと何か特殊な取引を連想してしまいがちですが，結局のところ株式の売買が高頻度で，そして高速の注文スピードで行われているにすぎませ

ん。当然ながら，超短期間隔で新しいニュース（新しいファンダメンタル的要素）が出てくるわけではありません。それでは，このような高頻度に取引が行われるなかで，市場を動かしている要因は何でしょうか。

その1つはライバルの戦略です。HFTで取引を司るシステムをボット（ロボット）に例えるとしたら，ボットが反応しているのは，まさにライバルのボットの戦略なのです。一般的に「このような状況になったら，このような戦略をとる」といったようにあらかじめ組まれたプログラムで行う取引をアルゴリズム取引（algorithmic trading）[3]とよびます。アルゴリズム取引は，HFTが出現するずっと以前から行われており，必ずしもHFTの世界だけのものではありません。ただし，HFTではこうしたアルゴリズム取引が中心となり，ボット同士の「アルゴリズム」対「アルゴリズム」の勝負のなかで価格が形成されているのです。

それではHFTは，現実の生身の投資家にどのような影響を与えるのでしょうか。まず考えられるのが，これまで数秒単位あるいは数十秒単位での短期投資，すなわちデイトレード（day trade：日中の日計り売買）を得意としてきた投資家への影響です。このような投資家が，HFTによって従来の収益機会を奪われるのは明らかな事実です。また，そうした投資家のすべてがHFT業者の持つ技術を身につけ，HFTに乗り出せるとは限りません。

では，旧来の短期投資家はどこに向かうのでしょうか。安易な選択としては，もう少し期間の長い投資といった具合でしょう。数日から1〜2週間に及ぶ投資をスイングトレード（swing trade）とよびます。ただし，こうしたスイングトレードに短期投資から玉突きで追いやられた投資家を受け入れる収益機会が残されているのでしょうか。

残念ながらそう簡単にはいきません。スイングトレードではデイトレードよりも売買の回転期間が長いため，テクニカル分析はもちろん，ファンダメンタル分析（123ページ参照）も重要となります。株式市場におけるファンダメンタル分析は，外国為替市場と同様に経済全体のファンダメンタルを考慮する場

---

[3] アルゴリズム取引については，NTTデータ・フィナンシャル・ソリューションズ先端金融工学センター（2018）を推薦します。

合もあります。また，株式市場の個別銘柄に向かい合う投資家にとってとくに重要なのは企業情報です。企業情報においては財務情報だけでなく非財務情報の重要性も年々高まっていますが，現在のスイングトレードにおいてやはり中心的役割を果たすのが売上高，経常利益，純利益ならびにEPS（Earnings Per Share：1株当たり純利益）といった企業の財務情報に関する新たな情報でしょう。そこで，たとえばEPSを使って直接的に株価の水準を推計して，現在の株価との価格差を発見していくことにも使われます。

　ただし，第6講の外国為替市場の箇所でも説明しましたが，投資家にとって重要なのは情報が出てくるタイミングです。そして，株式市場におけるファンダメンタル分析でも企業の財務情報の確定値が発表される前に，市場でコンセンサス（consensus）が形成されます。コンセンサスが発表される時点ですでに一勝負終わり，最終的な勝負は，確定値の発表によりサプライズが生まれるかどうか，となります。すなわち，サプライズについては誰が一番早く反応できるかといった類であり，こちらについても専用システムを開発して介在させるほうが効率的です。すなわち，短期投資から流れてきた投資家すべてを，スイングトレードの舞台で吸収することはむずかしいことに間違いありません。

## 4　超長期投資とESG投資

　以上のことから，短期投資から長期投資に流入してくる投資家は，より長期の投資に向かおうとするでしょう。そして，投資期間が長くなればなるほど一般的に収益機会が残っていることは確かです。古典的な超長期投資の方法では，たとえば，数年にわたる配当等の流れから配当割引モデル等を使って該当企業の株式の価値を測定しますが，その方法ではあまりにも不確実性が高く，新たな工夫が入る余地があります。すなわち，超長期投資の世界はまだフロンティアが残されている領域といえます。

　超長期投資では投資期間が長くなればなるほど不確実性が高まります。いうまでもなく，超長期に株式に投資をするとなれば，投資先企業が超長期にわたって継続することが前提となります。それでは，10年後，20年後にその企業が存続しているかどうかは，何を基に判断するのでしょうか。

その判断基準こそまさに非財務情報であり，たとえばESG情報（28ページ）となります。投資家が企業に確認したいのは，「E（Environment）とS（Social）は視野にはいっているか」，それをふまえたうえで「どのようにG（Governance）を徹底しているか」です。企業は投資家の用意するESG項目に答えることで，投資家が該当企業のサステナビリティを判定し，投資するかどうかの判断を行います。すなわち，超長期投資ではESG等の非財務情報を見て，「この企業は，ずっと先の将来において持続的かどうか」という超長期の視点で判断しているのです。

ESG投資に類似した投資としてSRI（Socially Responsible Investment：社会的責任投資）があります。ひと昔前であれば，多くの投資家はSRIとESGをだぶらせて考えていたかもしれません。SRIであれば，たとえば反倫理的な企業を見抜いてダイベストメント（28ページ）を行いますが，ESG投資ではそれに加えてCSV（Creating Shared Value）を意識します。CSVはPorter & Kramer［2011］等が提唱したものであり，その概念に基づけば，企業は経済的価値と社会的価値を同時に追求する必要があります。その意味で，ESG投資はチャリティ投資や慈善投資では決してありません。ESG投資は，投資家にとってれっきとした収益追求型の超長期投資なのです。

## 考えてみよう　投資家が企業に求める持続可能性

以上のような投資家の変化のなかで，企業はみずからの持続可能性を真にアピールする必要に迫られています。投資家が企業の非財務情報に期待しているのは，企業がESGへ取り組むことで社会的価値を高めているとともに，超長期的にその企業に持続可能性が存在することです。

一方，企業の広告や非財務情報のなかには，薬にも毒にもならない美辞麗句が意味なく連なっているものが散見されます。良かれと思って書いたものとは思いますが，投資家にとって理解不可能な言葉です。企業が社会から何を求められているかを認識せずに，「否定語の存在しない言葉」を繰り返しているとしたら，企業にとって安全ではなく，むしろ危険な行為と思われます。投資家がESG項目を問いただす意味をもう一度考えてみる必要があります。

　いうまでもなく，ESG項目を達成していくことは必要条件にすぎません。さらに，平常時にはESG項目を遵守することで投資家の期待に沿うことができても，有事の際に対応できるかは別問題です。超長期投資に流入してきた投資家が企業に期待していること，すなわち投資家が本当に見極めたいことは，平常時に用意されるBCP（Business Continuity Plan：事業継続計画）の内容というよりは，自然災害，テロ，パンデミック，そうした有事の際に企業価値を持続できる力なのです。

　近年，レジリエンシー（resiliency：復元力）という言葉をよく聞きます。

　美しい言葉ですが，同時に残酷な言葉として響きます。1回壊れてしまったものを復元することがいかに大変なことか，われわれはこの国で何度も経験してきたはずではないでしょうか。大事なものが壊れてしまうことを防ぐことはできません。ただしそれでも，企業には全身全霊をもって「壊れないもの」，すなわち「変わらないもの」を作る意志が必要です。そのためには，企業が企業自身を理解していることに尽きる気がします。自社をじっと見つめる企業，そしてありふれた美しい言葉に逃げこまずに，自身の言葉で自身を語れる企業が求められています。

■　■　■

先輩：起業の模擬をしながら，企業が直面するビジネスシーンをいっきに駆け抜けたね。

学生：大変だったけど，意外とあっという間でしたね。自分でいうのもなんですが，ビジネスセンスが少しは身についたような気がします。

先輩：それはよかった（笑）！

学生：ビジネスセンスを磨くには「投資家を意識する」ことも必要ですね。投資家は超長期投資家からボットまで，一見とらえにくいけど…。「根っこは同じ」と思ってがんばってみます。

先輩：がんばって！　投資家の投資基準が企業に大きく影響を与える場合もあるからね。ビジネスとは本来関係ないような投資家の投資戦略でさえも，企業の普段のビジネス活動に，じわじわ効いてくるかもしれない。

学生：ESG投資も企業に影響を与えますね。

先輩：投資家のESG投資が今後より充実していけば，企業は「持続可能な経営」に近づくだろうしね。

学生：そう考えると投資家の責任は大きいですね！ ESG投資によって企業が「持続可能な経営」を目指した結果，世の中で「持続可能な社会」が実現することになれば，最高だけど…。

先輩：本当にそうだね。

学生：ところで，今回の起業の模擬はメーカーの設定でしたね。そこからメーカーに限らず，それ以外の企業のイメージも見えてきた気がします。ただ　。

先輩：ただ？

学生：先輩と話をしながら考えていたんですけど…。もし本当に自分が起業するとしたら，やっぱり「輸入ビジネス」がいいなぁ！ 海外からアクセサリーを輸入して売るような…。

先輩：えー，今さら，そうきたか…（笑）。

学生：ということで，今度は「輸入ビジネス」に関する起業の模擬を一緒にしてくれませんか？

先輩：まだまだ，人に頼るくせは直ってないなぁ（笑）…。でも，考えておくよ。

学生：次にキャンパスにいらっしゃる時も，ぜひ声をかけてくださいね。

先輩：もちろん。また何かあったらいつでも連絡して！

■　■　■

## 第7講　確認のための課題

　これからの投資が，社会の持続可能性を引き出すための必要十分条件について考えてみましょう（クラスであればディスカッションをしてみましょう）。

## 全体のまとめ課題

　本書では「現代ビジネスを俯瞰的に横断する」ことを目指してきました。そして，さまざまなビジネスシーンにおいて駆け足で解説するとともに，そのシーンとシーンの間の繋がりについて意識してもらうことも試みています。

　さらに，本書は全文のなかで「投資家を意識してみよう」と呼びかけてきました。「投資家を意識してみよう」という姿勢は，独り善がりにならず，細部に目が行きがちなビジネスを俯瞰的に見るための手段です。

　ただし，これから実際に起業したり企業で働いたりする場合には，「Column　種類株式と投資家対策（143ページ）」のところでも触れたように，もう少し別の構えが必要です。

　それは，企業が持続的な社会を目指す姿勢と，投資家の利己的な助言との間に距離が存在する場合です。利己的な投資家に対して，企業は委縮する必要はありません。いうまでもなく投資家は人間であり，神様ではないからです。

　そこで，「投資家を意識してみよう」という姿勢がすでに備わった読者の方は，次は「投資家を『神格化することなく』意識してみよう」という姿勢にもチャレンジしてみてください。こうした姿勢が備わることこそ，本書が目指してきた「新しい金融経済教育」における「真の受講証明書」と考えてください。

# あ と が き

　本書は，同志社大学大学院総合政策科学研究科で筆者が行っている講義「金融経済教育」のメッセージを基に執筆しました。また，本書の内容としては，同志社大学政策学部で行っている講義「ベンチャー政策」や「資本市場政策」，ならびに関西大学商学部で行っている講義「外国為替論」や「貿易金融論」の講義内容を下地としています。ビジネスの内容にはじめて触れる方に，いかにその本質をイメージできるように伝えるかを試行錯誤している講義が本書の主張にもつながっています。そして何よりも，本書は同志社大学の学部と大学院のゼミで，これから社会に羽ばたくゼミ生を意識しながら執筆しました。

　そのような教育活動の機会を私に与えてくれたすべての方々に心より感謝する次第です。最初に，私の教育活動をいつも温かく見守って，ご助言をいただいている同志社大学政策学部の諸先生方ならびに職員の方々にこの場を借りて感謝申し上げます。また，いつもさまざまな意見を聞かせてくれる同志社大学政策学部の学生諸君，とくに日頃のゼミでの教育活動に理解を示してくれて，元気にゼミに参加してくれて，さまざまな有益な質問をしてくれる足立ゼミ生のみなさんに心より感謝します。さらに，自身の研究環境においていつも刺激を与えてくれる先生方全員のお名前を掲げた上で御礼申し上げたいところですが，代表して，激しい実務の世界を経て大学院にリカレントした私に，親身になってご指導いただいた京都大学名誉教授・古川顕先生に感謝申し上げたいと思います。また，本書の編集・出版に関して有益なご助言をいただいた中央経済社の浜田匡氏にこの場を借りて感謝申し上げます。最後に，執筆活動をいつも温かく見守ってくれる妻と子どもたちにも心から「ありがとう」といいたいです。

　そして何よりも，「金融経済教育」においてさまざまなビジネスのシーンを駆け抜けてみるという本書の「思い」にお付き合いいただき，本書を読んでくれた読者の皆様に感謝申し上げます。

# さらに学びたい人のために

## （プロローグ）

・ロバート・キヨサキ（著）白根美保子（訳）[2013]『改訂版 金持ち父さん 貧乏父さん：アメリカの金持ちが教えてくれるお金の哲学』筑摩書房

## （第1講）

・三菱UFJ信託銀行 不動産コンサルティング部 [2020]『ワークプレイスが創る会社の未来』日経BP
・Sorkin, A. R. [2010]. *Too Big to Fail: The inside story of how Wall Street and Washington fought to save the financial system--and themselves.* Penguin.（日本語訳：アンドリュー・ロス ソーキン（著）加賀山卓朗（訳）[2010]『リーマン・ショック・コンフィデンシャル』早川書房）

## （第2講）

・八子知礼 [2017]『IoTの基本・仕組み・重要事項が全部わかる教科書』SBクリエイティブ
・下島健彦 [2019]『IoT開発スタートブック』技術評論社
・野々上仁 [2017]『サービスのためのIoTプロダクトのつくり方』日経BP
・松浦健一郎，司ゆき [2019]『AWSでつくるAIプログラミング入門』秀和システム

## （第3講）

・Ilya Katsov（著），株式会社クイープ（訳）[2018]『AIアルゴリズムマーケティング』インプレス
・小川貴史 [2018]『Excelでできるデータドリブン・マーケティング』マイナビ出版
・フィリップ・コトラー，ケビン・レーン・ケラー（著），恩藏直人（監修），月谷真紀（訳）[2014]『コトラー＆ケラーのマーケティング・マネジメント第12版』丸善出版
・マルク・レビンソン（著），村井章子（訳）(2019)『コンテナ物語 増補改訂版』日経BP

・苫瀬博仁（編著）［2014］『ロジスティクス概論』白桃書房
・齊藤実，矢野裕児，林克彦［2020］『物流論（第2版）』中央経済社


**（第4講）**
・小峰隆夫，村田啓子［2012］『貿易の知識＜第3版＞』日経文庫
・日本貿易実務検定協会［2020a］『図解 貿易実務ハンドブック ベーシック版（第7版）』日本能率協会マネジメントセンター
・日本貿易実務検定協会［2020b］『貿易実務ハンドブック アドバンスト版（第6版）』日本能率協会マネジメントセンター
・後藤守孝，軽森雄二，粥川泰洋［2017］『すらすら図解 貿易・為替のしくみ』中央経済社
・木村雅晴［2014］『図解 仕事の流れが一目でわかる！ はじめての貿易実務』ナツメ社
・山田晃久［2012］『ビジュアル 貿易・為替の基本＜第4版＞』日経文庫ビジュアル


**（第5講）**
・Antonopoulos, A. M. ［2014］. *Mastering Bitcoin: unlocking digital cryptocurrencies.* "O'Reilly Media, Inc.". （日本語訳：アンドレアス・M・アントノプロス（著），今井崇也，鳩貝淳一郎（訳）［2016］『ビットコインとブロックチェーン：暗号通貨を支える技術』NTT出版）
・Aumasson, J. P. ［2017］. *Serious cryptography: a practical introduction to modern encryption.* No Starch Press. （Jean-Philippe Aumasson（著），Smoky（訳），IPUSIRON（監訳）『暗号技術 実践活用ガイド』マイナビ出版，2020年）
・田篭照博［2017］『堅牢なスマートコントラクト開発のためのブロックチェーン［技術］入門』技術評論社
・中村誠吾，中越恭平（著），牧野友紀，宮崎英樹（監修）［2018］『ブロックチェーン システム設計』リックテレコム
・加嵩長門ほか［2019］『試して学ぶスマートコントラクト開発』マイナビ出版


**（第6講）**
・国際通貨研究所（編）［2018］『外国為替の知識 第4版』日経文庫
・小口幸伸［2013］『入門・外国為替のしくみ』日本実業出版社
・シティバンク銀行［2012］『為替相場の分析手法』東洋経済新報社

- ジョン・ハル（著），三菱UFJモルガン・スタンレー証券市場商品本部（訳）［2016］『フィナンシャルエンジニアリング〔第9版〕』きんざい
- Bachelier, L.（著）Davis, M., & Etheridge, A.（英語翻訳）［2011］. *Louis Bachelier's theory of speculation: The origins of modern finance.* Princeton University Press.
- 足立光生［2004］『金融工学を勉強しよう』日本評論社
- 村上秀記［2015］『金融実務講座 マルチンゲールアプローチ入門』近代科学社

**（第7講）**
- 岡村秀夫［2013］『日本の新規公開市場』東洋経済新報社
- 忽那憲治［2008］『IPO市場の価格形成』中央経済社
- 足立光生［2010］『テキストブック 資本市場』東洋経済新報社
- NTTデータ・フィナンシャル・ソリューションズ先端金融工学センター（2018）『アルゴリズム取引の正体』金融財政事情研究会

# 参考文献

Adachi, M. [2004]. Applying Neural Networks to the Extraction of Available Investment Information from the Previous Day's Stock Market. *NUCB Journal of Economics and Information Science* (『名古屋商科大学総合経営・経営情報論集』), *48*(2), 13-22.

BIS Triennial Central Bank Survey. [2019] Foreign Exchange Turnover in April 2019

Black, F., and Scholes, M. [1973]. The Pricing of Options and Corporate Liabilities. *The Journal of Political Economy*, 81, 637-654.

Garman, M. B., and Kohlhagen, S. W. [1983]. Foreign Currency Option Values. *Journal of International Money and Finance*, *2*(3), 231-237.

Goodfellow, I., Pouget-Abadie, J., Mirza, M., Xu, B., Warde-Farley, D., Ozair, S., Courville, A., Bengio, Y. [2014]. Generative adversarial nets. In *Advances in Neural Information Processing Systems*, 2672-2680.

Harrison, J. M., & Kreps, D. M. [1979]. Martingales and arbitrage in multiperiod securities markets. *Journal of Economic Theory*, *20*(3), 381-408.

Hinton, G. E., Osindero, S., & Teh, Y. W. [2006]. A fast learning algorithm for deep belief nets. *Neural Computation*, *18*(7), 1527-1554.

Hinton, G. E., & Salakhutdinov, R. R. [2006]. Reducing the dimensionality of data with neural networks. *Science*, *313*(5786), 504-507.

Krizhevsky, A., Sutskever, I., & Hinton, G. E. [2012]. Imagenet classification with deep convolutional neural networks. *Advances in neural information processing systems*, *25*, 1097-1105.

Lee, H. L., Padmanabhan, V., & Whang, S. [1997]. Information distortion in a supply chain: The bullwhip effect. *Management Science*, *43*(4), 546-558.

MacQueen, J. [1967]. Some methods for classification and analysis of multivariate observations. In *Proceedings of the fifth Berkeley symposium on mathematical statistics and probability 1*(14), 281-297.

McCulloch, W. S., & Pitts, W. [1943]. A logical calculus of the ideas immanent in nervous activity. *Bulletin of Mathematical Biophysics*, *5*(4), 115-133.

Nakamoto, S. [2008]. Bitcoin: A peer-to-peer electronic cash system. https://bitcoin.org/bitcoin.

Porter, M., & Kramer, M. R. [2011]. Creating shared value. *Harvard Business Review*, *89*, 62-77.

Reynolds, T. J., & Gutman, J. [1988]. Laddering theory, method, analysis, and interpretation. *Journal of advertising research*, *28*(1), 11-31.

Rosenblatt, F. [1958]. The perceptron: a probabilistic model for information storage and organization in the brain. *Psychological Review*, *65*(6), 386-408.

Srivastava, N., Hinton, G., Krizhevsky, A., Sutskever, I., & Salakhutdinov, R. [2014]. Dropout: a simple way to prevent neural networks from overfitting. *The Journal of Machine*

170

*Learning Research, 15*(1), 1929-1958.
足立光生［2004］『金融工学を勉強しよう』日本評論社
足立光生［2010］『テキストブック　資本市場』東洋経済新報社
足立光生［2021］「持続可能な社会と企業経営　AI活用の視点から」同志社政策科学研究
　　22(2)，1-12.
伊藤清［1942］「Markoff過程ヲ定メル微分方程式」全国紙上数学談話会誌，244，1352-1400.
日本政策金融公庫総合研究所［2019］「2019年度新規開業実態調査」https://www.jfc.go.jp/
　　n/findings/pdf/topics_191122_1.pdf

# 索　引

## 【著者紹介】

### 足立 光生（あだち みつお）

同志社大学政策学部教授／同志社大学大学院総合政策科学研究科教授

1992年同志社大学経済学部卒業。外資系金融機関勤務を経て，1998年京都大学大学院経済学研究科修士課程修了。2001年京都大学大学院経済学研究科博士後期課程修了。博士（経済学）。著書に『金融工学を勉強しよう』（単著，日本評論社），『金融派生商品の価格付けに関する戦略的考察』（単著，多賀出版），『テキストブック 資本市場』（単著，東洋経済新報社）などがある。

先輩！ ビジネスセンスの磨き方を教えてください！

## 起業からイメージする金融経済教育

2021年9月10日　第1版第1刷発行
2023年9月20日　第1版第2刷発行

|  |  |
|---|---|
| 著 者 | 足　立　光　生 |
| 発行者 | 山　本　　　継 |
| 発行所 | ㈱中央経済社 |
| 発売元 | ㈱中央経済グループパブリッシング |

〒101-0051　東京都千代田区神田神保町1-35
電話　03 (3293) 3371 (編集代表)
　　　03 (3293) 3381 (営業代表)
https://www.chuokeizai.co.jp
印刷／昭和情報プロセス㈱
製本／有 井 上 製 本 所

©2021
Printed in Japan